워런 버핏이 말하는 워런 버핏

The Oracle Speaks:
Warren Buffett in His Own Words
Edited by David Andrews

Copyright © 2012 Agate Publishing, Inc. All rights reserved.
Original edition published by Agate Publishing, Inc, USA
Korean translation rights arranged with Agate publishing, Inc, USA
through PLS Agency, Korea.

Korean edition published in 2013 by Agendabooks, Korea.

이 책의 한국어판 저작권은 PLS를 통한 저작권자와의 독점계약으로 도서출판 어젠다에 있습니다. 저작권법에 의해 한국어판의 저작권 보호를 받는 서적이므로 무단 전재와 복제를 금합니다.

워런 버핏이 말하는
워런 버핏

The Oracle Speaks
Warren Buffett in His Own Words

데이비드 앤드루스 엮음 · 유지연 옮김

어젠다

워런 버핏이 말하는 워런 버핏

초판1쇄 인쇄 2013년 6월 05일
초판1쇄 발행 2013년 6월 10일

엮은이　데이비드 앤드류스
옮긴이　유지연

펴낸이　김지훈
편집　나성우
마케팅　최미정
관리　류현숙
디자인　스튜디오헤르쯔

펴낸곳　도서출판 어젠다
출판등록　2012년 2월 9일(제406-2012-000007호)
주소　경기도 파주시 광인사길 217
전화　031) 955-5897
팩스　031) 945-8460
이메일　agendabooks@naver.com

ISBN 978-89-97712-06-9 13320

이 도서의 국립중앙도서관 출판시도서목록(CIP)은
e-CIP홈페이지(http://www.nl.go.kr/ecip)와
국가자료공동목록시스템(http://www.nl.go.kr/kolisnet)에서 이용하실 수 있습니다.
(CIP제어번호: CIP2013007078)

차례

서문 15

1 투자

투자 조사 19
투자 제한 19
투자와 스포츠 20
투자에 대해 생각하기 21
투자자 기질 21
재무제표 검토 21
평범한 능력, 비범한 결과 22
투자의 단순함 22
시장을 이기는 것 23
수중에 돈이 별로 없는 게 가진 장점 25
아이디어 쿼터 25
장기적 투자 26
투기 대 투자 27
불확실성에 대응하기 28
분산 투자 28

액티브 트레이딩 29
투자와 운동 법칙 32
버핏의 첫 주식 32
욕심, 겁내기, 매수 33
구매 적기 34
오늘 사라 35
어리석은 시장 행동 35
부실기업 구매 35
불경기에 사기 36
주가 결정 36
가장 중요한 질문 37
손에 넣은 새 한 마리 37
사지 말아야 할 때 38
버핏의 주유소 38
손을 떼야 할 때 38
버핏의 탄생과 시장 39
다우존스 지수 때문에 호흡곤란 증세를 보이는 것 39
투표 집계기인 시장 40
주식 분할 40
불확실성 41
채권 41
상품 42
금 42
현금 가치 43
현금에 매달리는 것 44

2 월 스트리트와 투기

월 스트리트의 가치　45
이상한 나라의 투자자들　45
시장에서 맑은 정신을 유지하기　46
월 스트리트의 나쁜 아이디어　46
나쁜 전문 용어　47
투기의 유혹　47
거품으로 이득을 보기　48
또래 압력과 거품의 원인　48
거품을 한 번 더　49
거품 붕괴가 일어날 때　49
쉽게 번 돈　50
과도한 레버리지　50
중독적인 레버리지　51
레버리지의 위험성　52
똑똑한 사람들과 레버리지　52
파생금융상품　53
신용부도 스왑　54

3 비즈니스

자기 한계를 아는 것　55
가격 결정력　55

기업의 해자 56
어떤 기업을 이해하기 57
프리미엄 기업 58
자본집약적 기업 59
훌륭한 거래를 찾아내기 59
신문 59
가십 접근법 60
주식 중개인들과 얘기하지 말 것 60
자기가 무엇을 아는지 아는 것 61
성장 대 수익 62
회사 매수 대 주식 63
코끼리 찾기 63
시즈 캔디 64
코카콜라와 행복 64
콜라의 맛 65
허쉬 초콜릿 66
질레트 66
더 데일리 레이싱 폼 67
월트 디즈니 사 68
인터넷으로 돈 벌기 70
인터넷 기업 열풍 70
섬유 사업 71
기업 윤리 72
위험에 처한 기업 73
위험과 인간 본성 73

미국 실업계의 정도 74
부풀린 수익 74
더러운 기업 세탁물 75
스톡옵션에 대한 회계 처리 75
CEO 윤리 76

4 버크셔 해서웨이

한 번의 좋은 결정 77
좋은 결정의 중요성 77
아이디어보다 많은 돈 78
실수하기 78
절대 뒤돌아보지 말 것 79
부작위 실수들 79
함께 돈 벌기 80
거래 구조 80
버크셔가 소유한 기업들을 감독하기 81
기업들을 계속 보유하기 81
평균 이하의 실적을 내는 기업을 파는 것 82
출구 전략 없음 82
버크셔의 회중 83
버크셔 이사들에게 주는 급여 83
제도적 실패와 경영자 보상 84
부풀리는 CEO들 84

좋은 이사의 자질 85
이사를 고르지 않는 법 86
CEO들에게 주는 과한 보수 86
CEO에 대한 성과급 87
CEO 교체 88
CEO와 부정적 강화 88
CEO가 받는 특전 89
소유주처럼 사고하는 경영자들 90
버크셔의 경영자들 91
승자들을 경영하기 92
재주 좋은 사람들을 쓰기 92
원가 의식 93
비용 절감 93
직원 관리 94
경영자들이 경영하게 내버려 두기 95
경영자들의 평판 96
사업가 제이 지 96
고용 96
일을 즐기는 것 97

5 미국의 정책 및 정치

미국을 믿기 98
경기 회복 99

1930년 이후의 미국 100
미국은 문제를 해결한다 101
경제 전망 101
세계 무역 102
일자리 창출 103
인플레이션 103
2008년 금융 위기 104
금융 위기에 대한 정부 개입 106
뱅크 오브 아메리카와 금융 위기 107
금융 위기 때의 기회 108
신용의 중요성 108
금융 시스템에서의 사기 행위 108
금융 위기 후에 대출해주는 것 109
미국의 재정 적자 및 무역 적자 109
심슨-보울스 안 110
국가 부채 111
부채 한도를 높이기 112
미국에서의 민주주의 112
오사마 빈 라덴의 죽음 113
2001년 9월 11일 113
중국 114
유로 위기 115
버락 오바마 115

6   부와 세금

재산   116
돈이 가진 확대 능력   116
부와 만족감   117
경제 파이를 나누기   117
밀물처럼 밀려드는 부   118
버핏의 부는 어디에서 왔는가   118
유산   118
버핏의 행운   120
부자들의 세율   121
헤지펀드 운용자가 내는 세금   122
고통 분담   122
유산세   123
버크셔가 내는 세금   123
세수중립적 세제 개혁   124
로비와 세법   124
소득 불평등   125
버핏세   126

7   인생 수업

무조건적인 사랑   128
버핏의 아버지   128

버핏이 가진 이점   129
어린 시절의 반항   129
윤리 교육   130
버핏의 아내   130
누구와 결혼해야 하는가   131
인생 계획   131
제이 지 놀리기   132
일과   132
인내   133
자기 자신에 대한 믿음   133
버핏이 귀를 기울이는 사람   134
내면적 평가표   135
최고의 투자   135
불쾌한 일   136
자기 일을 사랑하기   136
진실성   137
성공하기 위한 자질   138
기질   138
노년   139
성공의 척도   139
스스로를 돌보기   140
포브스 리스트   141
은퇴   141
사후 관리   141
자선 사업의 난제들   142

사회 환원 143
게이츠 재단에 기부하기 144
공정 사회 146

주요 연보 148
버크셔 해서웨이 퍼블릭 홀딩스 156
버크셔 해서웨이 자회사 158
본문 웹사이트 출처 161

서문

내 나이가 되면 나를 사랑해주었으면 싶은 사람들 중
얼마나 많은 사람들이 실제로 나를 사랑해주는지가
성공한 인생의 척도가 될 것이다. 나는 돈이 많은 사람들을
알고 있다. 그들은 기념 만찬에 참석하고, 자기 이름을 딴
신축 병동을 얻는다. 그러나 사실 이 세상 어느 누구도
그들을 사랑하진 않는다. 내 나이에 접어든 누군가를 좋게
생각해주는 사람이 아무도 없다면 계좌에 돈이 얼마나 많든
상관없이 실패한 인생이라고 본다.

    워런 버핏

혹시 워런 버핏이 겸손하지 않다 해도 용서할 수밖에 없을
것이다. 네브래스카 오마하에 있는 사무실에서 컴퓨터의 도움도
받지 않은 채로 월 스트리트에서 동종업계 종사자들이나, 이
세상 어느 누구보다 훨씬 능가하는 투자 실적을 올렸으니
말이다. 주요 주가지수들이 1950년대부터 1990년대까지 일
년에 약 11퍼센트 상승했지만 버핏은 일 년에 약 29퍼센트
가치 상승을 보인 투자 선택을 했다. 그 결과, 투자사인 버크셔
해서웨이Berkshire Hathaway는 현재 세계에서 여덟 번째로 큰
투자사로 성장했을 뿐 아니라, 440억 달러의 순익을 그에게

안겨주고 있다.

그런데도 이 오마하의 현인the Oracle of Omaha은 자기가 가진 재능을 겸손하게 표현한다. 자기가 기업 평가에 독보적인 감각이 있다는 건 인정하면서도, 그런 재능이 안겨준 막대한 재산을 가질 자격이 있다고는 생각하지 않는다. 대신 일련의 적절한 재능을 가지고 적절한 가정家庭에, 적시적지適時適地에 태어나, '난소 복권'에 당첨된 셈이라 말하길 좋아한다. 불과 몇 세기 전이나 개발도상국 어딘가에 태어나기만 했어도 자본을 배분하는 자기 능력은 아무 쓸모가 없었을지 모른다고 말이다. 버핏이 세 자녀가 운영하는 자선 재단들뿐 아니라, 빌과 멜린다 재단을 통해 재산 대부분을 기부하기로 서약한 한 가지 이유가 이 때문이기도 하다.

버핏이 자기에 대해 겸손하게 말하긴 해도, 세상의 이목을 피하는 건 아니다. 투자 이론이나 시사 문제나 조세 정책이나 보람 있게 사는 법에 대해 기꺼이 자기가 가진 생각을 피력하는 데 열심이다. CNBC에서 몇 시간 동안 투자에 대해 이야기하며, 〈뉴욕 타임즈The New York Times〉에 사설을 기고하며, 버크셔 해서웨이 주주들에게 보내는 연례 보고서에서 소탈하게 이야기를 나눈다. 이런 연례 보고서들에서 발췌한 글들을 이제부터 보게 될 것이다.

투자에 대해 버핏은 몇 가지 규칙을 갖고 있다. '지속력 있는 경쟁 우위'를 가진 기업들을 찾아라. 즉 내일 가격을 올려도 고객을 잃지 않을 수 있는 기업을 찾아라. 일단 그런 기업을 하나 찾으면 가격이 적당할 때 주식을 사고, 그런 다음 팔지 말라. 투자자들이 저지르는 가장 큰 실수는 빈번하게 주식을 사고팔아서 거래마다 발생하는 중개 수수료를 내는 거라고 그는 말한다. 이게 바로 개인적 의리 외에도, 기업들이 기대에 미치지 못하는 실적을 내더라도 버크셔 해서웨이가 구입한 주식을 좀처럼 팔지 않는 이유다.

　인생에 대해 버핏이 하는 조언도 단순하다. 자기가 사랑하는 일을 찾고, 제대로 된 짝과 결혼하고, 가족을 조건 없이 사랑하라. 자신을 믿고, 다른 사람들이 하는 말에 너무 귀 기울이지 말라. 버핏이 80년 넘게 살아가는 내내 그에게 엄청난 개인 자산 뿐 아니라, 더 중요한 충실하고 기쁨에 찬 인생을 안겨준 게 바로 이런 조언들이다.

일러두기
본문의 *표시는 옮긴이 주입니다.

1   투자

투자 조사

나는 주식을 살 때 회사 전체를 산다는 관점에서 생각을 해본다. 저 아래 있는 가게를 사려고 하는 것처럼 말이다. 그런 가게를 사려면 그곳에 대한 모든 걸 빠짐없이 알려고 들 것이다.

《포브스Fobes》, 1969년 11월 1일

투자 제한

투자업계에서 학교를 졸업할 때 구멍을 20개만 뚫을 수 있는 펀치카드를 하나 받아 구멍을 20번 다 뚫으면 투자 기회도 끝이라고 해보자. 구멍을 한정 없이 뚫을 수 있는 펀치카드를 가진 사람보다 돈을 더 많이 벌 수 있을 것이다. 확실한 곳에만 투자하려고 할 테니까 말이다.

노틀담 대학교 학부생 대상 강연, 1991년 봄

투자와 스포츠

나는 투자를 이 세상에서 가장 멋진 일이라 부른다. 반드시 배트를 휘두를 필요는 없기 때문이다. 타석에 들어서면 투수가 제너럴 모터스General Motors를 47에 던진다! U.S. 철강U.S. Steel을 39에 던진다! 스트라이크를 부르는 사람도 없다. 기회를 놓쳤다는 것 외에 페널티는 없다. 온종일 내가 좋아하는 구질을 기다린다. 그러다 야수들이 방심했을 때, 앞으로 나가 공을 친다.

《포브스》, 1974년 11월 1일

테드 윌리엄스는 저서인 《타격의 과학The Science of Hitting》에서, 타자에게 가장 중요한 건 알맞은 공을 기다리는 것이라 설명했다. 이게 내 투자 철학이기도 하다. 알맞은 공을 기다리듯 알맞은 거래를 기다려라. 그러면 머지않아 나타날 것이다. 이게 투자의 열쇠다.

CBS 뉴스, 2012년 2월 8일

올림픽에서는 난이도가 중요하다. 하지만 사업에서는 중요하지 않다. 뭔가를 하는 게 무척 어렵다고 해서 가산점을 받지는 못한다는 말이다. 그러니 7피트(약 2.13 미터)짜리 바를 넘으려고 하기보다는, 1피트(약 30.48 센티미터)짜리 바를 넘는 편이 낫다.

CNBC, 2010년 10월 18일

투자에 대해 생각하기

투자에 대해 생각할 때 가장 좋은 방법은 아무도 없는 방 안에서 혼자 생각을 해보는 것이다. 그 효과가 없다면 다른 어떤 방법도 효과가 없을 것이다.

플로리다 대학교 세미나, 1998년 10월 15일

투자자 기질

투자의 성공과 아이큐는 아무 관련이 없다. 일단 지능지수가 25 이상이기만 하면 된다. 일단 보통 지능만 갖고 있다면 투자에서 다른 사람들을 곤경에 빠뜨리고 마는 충동을 다스릴 줄 아는 기질만 있으면 된다.

《비즈니스위크BusinessWeek》, 1999년 7월 5일

재무제표 검토

과거의 재무제표를 들여다보는 것만으로 미래를 내다볼 수 있다면 포브스 선정 400대 기업은 사서들로 이루어져 있을 것이다.

버크셔 해서웨이 주주들에게 보낸 편지, 2009년 2월

평범한 능력, 비범한 결과

우리는 어느 누구의 능력도 벗어나지 않는 일을 하고 있다. 나는 경영에 대해서도 투자와 같은 생각을 갖고 있다. 즉 비범한 결과를 얻기 위해 반드시 비범한 일을 할 필요는 없다.

《포춘Fortune》, 1988년 4월 11일

투자의 단순함

자기가 잘 아는 기업들을 골라낸 후, 가치와 우수한 경영진과 재정적으로 어려운 시기를 비교적 덜 겪었는지를 기준으로 삼아, 그 기준을 통과하지 못하는 곳들은 탈락시켜라.

《포브스》, 1974년 11월 1일

열아홉 살에 벤저민 그레이엄이 쓴 《현명한 투자자Intelligent Investor》를 읽었을 때 몰랐던 것은 지금도 하나도 모른다. 그 전까지 8년 동안 난 차티스트chartist*였다. 차트와 관련된 모든 걸 아주 좋아했다. 차트를 정말 넘치게 많이 갖고 있었다. 그러다 난데없이 어떤 사람이 그런 게 전부 필요한 건 아니라고, 그냥 뭔가를 그게 가진 가치보다 싸게 사면 된다고 말해 준 것이다.

노틀담 대학교 교직원 강의, 1991년 봄

---

* 과거의 통계 데이터를 가지고 주식시장 동향 분석과 전망을 내놓는 주식투자자.

나는 매일 아침마다 복잡한 절차를 하나 거친다. 즉 거울을 보면서 내가 무엇을 해야 할지를 결심하는 것이다. 그리고 그 순간에, 모든 사람에게 발언권이 있단 생각을 한다.

《스노볼Snowball》, 2008년

시장을 이기는 것

육감이니 직감이니 하는 건 없다. 다시 말해, 나는 차분히 앉아서 어떤 기업이 가진 앞으로의 경제적 전망이 어떨지 알아내려고 노력한다는 말이다.

네브래스카 링컨 대학교 학생들과의 세미나, 1994년 10월 10일

바비 피셔Bobby Fischer**를 어떻게 이기냐고? 체스만 빼고 어떤 게임이든 하면 된다. 나는 남들보다 경쟁 우위에 서 있는 게임을 하려고 노력한다.

《비즈니스위크》, 1999년 7월 5일

** 미국의 체스 명인.

사람들 대부분은 시장을 몇 퍼센트 포인트 이상 앞서지 못한다. 나는 여전히 평균보다 약간은 더 낫겠지만 과거에 그랬던 것만큼은 절대 못한다고 사람들에게 말하곤 한다. 딱 평균만큼만 할 거라는 생각이 든다면 이 일을 하려 하지도 않을 것이다. 그런 일이 생길지도 모르지만 말이다. 이런 사정이다 보니, 내가 평균보다 두어 포인트 이상 앞설 수는 없다는 걸 안다. 그러나 이 정도도 대부분의 사람들이 스스로 할 때보단 나은 수준이다. 그들이 나보다 더 잘 할 수도 있지만 말이다.

〈하아레츠Haaretz〉, 2011년 3월 23일

수중에 돈이 별로 없는 게 가진 장점

내가 오늘 백만 달러나 천만 달러나 그런 돈을 굴리고 있다면 전액 투자fully invested*를 할 것이다. 주식 포트폴리오 규모가 투자 실적investment performance에 해를 주지 않는다고 보는 사람은 누구든 팔려고 한다. 내가 여태까지 본 가장 높은 수익률은 1950년대에 나왔다. 나는 다우존스 지수를 때려눕혔다. 그 숫자들을 여러분이 봐야 하는 건데. 하지만 당시 나는 푼돈을 투자하고 있었다. 돈이 많지 않은 건 굉장한 구조적 이점이다. 나는 여러분에게 백만 달러로 일 년에 50퍼센트의 수익률을 올리게 해줄 수 있을 거라 생각한다. 아니, 그렇게 할 수 있을 거라 확신한다. 장담한다.

《비즈니스위크》, 1999년 7월 5일

아이디어 쿼터(Idea Quota)

내 아이디어 쿼터는 예전엔 나이아가라 폭포 같았다. 즉 내가 쓸 수 있는 것보다 훨씬 더 많은 양이 있곤 했다. 지금은 누군가가 폭포를 막아 점안기로 똑똑 흘러나오게 하기라도 한 것 같다.

《포브스》, 1969년 11월 1일

---

* 모든 또는 거의 모든 가용 자금을 저축이나 금융시장 예금계좌가 아닌 유가증권에 투자하는 것.

처음 이 일을 시작했을 때는 거래가 마치 존스타운 홍수처럼 쏟아지고 있었다.* 1969년이 되자 앨투나**에 있는 물이 똑똑 새는 변기처럼 됐고 말이다.

《포브스》, 1974년 11월 1일

장기적 투자

농장이 됐든, 아파트가 됐든, 기업이 됐든, 생산적 자산productive assets을 보유하는 게 옳다고 생각한다. 그러면 시간이 가면서 아주 성공적인 결과를 낳을 테니까 말이다. 때로는 한 부문이 다른 부문보다 더 잘 되기도 할 것이다. 그러나 미국에서 향후 20년간 이 중 어떤 것이라도 보유하고 있다면 성공을 거둘 거라 생각한다.

CNBC, 2011년 11월 14일

미래는 절대 확실하지 않다. 그래서 주식시장에서 들뜬 여론을 따랐다간 아주 비싼 대가를 치러야 한다. 불확실성은 사실 장기적 가치를 사는 사람의 친구다.

《포브스》, 1979년 8월 6일

---

*   1889년에 펜실베이니아 주 존스타운에서 사우스포크 댐 붕괴로 일어난 홍수. 2천2백 명이 넘는 사망자를 냄.
** 펜실베이니아 주에 있는 작은 도시.

세상이 빠르게 변하고 있는 곳에서는 뭔가를 소유하고 싶지
않다. 내가 그런 변화를 누구 못지않게, 또는 누구보다도 잘
예측할 수 있을 거라 보지 않기 때문이다. 그래서 나는 상당히
안정적인 무언가, 즉 경제성이 매우 유망해 보이는 무언가를
매우 원한다.

네브래스카 링컨 대학교 학생들과의 세미나, 1994년 10월 10일

투기(Speculation) 대 투자(Investment)

투기에 부도덕하거나 불법적인 면은 없다. 그러나 뭔가를
뭉텅이로 사고선 2년 후에 다른 누군가가 그보다 더 많은 돈을
주고 그 뭉텅이를 사서, 시간이 지나면 수익을 안겨주길 바라는
건 전적으로 다른 상황이다. 나는 30년 전에 여기서 멀지 않은
곳에 농장을 하나 샀다. 이후 이 농장의 시세를 알아본 적은
한 번도 없다. 내가 한 일이라곤 농장에서 매년 어떤 농작물을
내놓는지를 알아본 게 전부다. 그리고 이 농장은 내가 샀던
금액 대비 매우 만족스러운 생산량을 보여주었다. 주식시장을
10년간 닫는다 해도, 코카콜라와 웰스 파고Wells Fargo를 비롯한
기업체들을 갖고 있다면 나로선 걱정할 일이 없을 것이다.
맥도널드 노점을 사고서 매일 시세를 알아보진 않는 법이다.
그래서 내가 갖고 싶은 종류의 자산은 그런 것이다. 실제로
무언가를 생산하는 것, 그래서 잘하면 시간이 지나 내가 가진
기대에 보답하는 결과를 내줄 그런 무언가 말이다.

CNBC, 2011년 3월 2일

불확실성에 대응하기

벤 버냉키가 내게 와서 내일 X나 Y나 Z를 할 거라 귀띔해준다고 해서, 어떤 기업들을 갖고 싶은지에 대한 내 생각이 바뀔 거라고는 생각하지 않는다. 나는 그런 기업들을 농장이나 아파트를 가졌을 때와 똑같이 오랫동안 보유할 거고, 그동안 온갖 사건이 일어날 테고, 온갖 예측 불가능한 상황들이 생길 것이다. 그렇다면 결국 그 기업이나 농장이나 아파트가 몇 년 동안 어떤 결과를 내놓는지가 제일 중요해질 것이다.

CNBC, 2011년 11월 14일

분산 투자

자기 목표가 해당 업계보다 현저히 더 높은 수익을 올릴 수 있도록 돈을 굴리는 게 아니라면 그런 경우에는 극단적인 분산 투자가 옳다고 생각한다. 따라서 나는 투자를 하는 사람들의 98퍼센트나 99퍼센트는 광범위하게 분산 투자를 하고 팔지 않는 게 옳다고 생각한다. 그래서 그들은 비용이 극히 적게 드는 인덱스 펀드index fund* 타입의 결정을 내리게 된다. 미국의 일부를 소유하는 게 그들이 하게 될 일로, 미국의 일부를 소유하는 게 그럴 만한 가치가 있다는 결정을 내린 것이다.

플로리다 대학교 세미나, 1998년 10월 15일

* 공인된 시장지수의 수익률을 그대로 따라가도록 설계된 펀드.

기업에 대해 진정 잘 아는 사람이라면 아마도 여섯 곳 이상은
소유하지 않을 것이다. 훌륭한 기업 여섯 곳을 찾아낼 수만
있다면 필요한 분산 투자는 그게 다다. 그러면 많은 돈을 벌게
될 것이다. 따라서 첫 번째 기업에 돈을 더 투자하는 대신에
일곱 번째 기업에 돈을 집어넣는 건 분명 끔찍한 실수일 거라고
장담할 수 있다. 일곱 번째 좋은 아이디어로 돈방석에 올라앉는
사람은 극소수다.

플로리다 대학교 세미나, 1998년 10월 15일

액티브 트레이딩(Active Trading)

주식을 액티브 트레이딩 하는 게 그냥 지켜보는 것보다 더
좋은 결과를 낼 수 있다는 생각을 무엇 때문에 하게 됐든 그건
끔찍한 착각이다. 미국 실업계는 지난 세월 동안 투자자들에게
큰 성공을 안겨주었다. 그렇지만 많은 투자자들이 결국 용케도
나쁜 결과를 보고 만다. 여러분은 속으로 이렇게 생각할
수도 있다. 다우존스 지수가 20세기에 66으로 시작했고,
현재는 12,000인데 손해를 볼 사람이 대체 누가 있겠냐고
말이다. 그러나 사람들은 실제로 손해를 본다. 그런데 그들은
여기저기를 들락날락하다 손해를 보고 나서는, 기대 이상의
높은 수익이 날 거라거나 그런 비슷한 말도 안 되는 기대감으로
이 주식을 사야만 한다고 생각한다. 우량 기업을 사는
것만으로도 충분할 텐데 말이다.

CNBC, 2011년 11월 14일

월 스트리트는 무언가를 하는 것activity으로 돈을 번다. 여러분은 아무 것도 하지 않는 것inactivity으로 돈을 번다. 이 방 안에 있는 누구든 자기 포트폴리오를 거의 매일 다른 사람과 사고판다면 결국 파산하고 말 것이다. 결국 중개인이 돈을 몽땅 가져갈 것이다. 여러분 모두가 평균적인 기업들의 주식을 사서 50년간 가만 깔고 앉아만 있으면 결국 상당한 돈을 벌게 될 테고, 여러분의 주식 중개인은 파산해버리고 말 것이다.

플로리다 대학교 세미나, 1998년 10월 15일

여러분이 농장을 하나 갖고 있는데 누가 와서 이탈리아에 문제가 있다고 말했다고 해보자. 그럼 다음 날 농장을 파나? 오마하에 우량 기업을 갖고 있는데 누가 와서 이탈리아에 문제가 있다고 했다. 그럼 그 기업을 파나? 아파트를 파나? 아니다. 그런데 무슨 이유에서인지, 주식으로 우량 기업들을 간접적으로 소유한 경우에는 5분마다 그런 결정을 해버리고 만다.

CNBC, 2011년 11월 14일

전체적으로 봤을 때 주식거래에 컨설턴트와 매니저를 쓰는
투자자들은 평균 이하일 게 틀림없다. 이유는 간단하다.
a) 투자자들은 필연적으로 결국 자신이 초래한 비용을 뺀 평균
수익을 벌게 되어 있다. b) 수동적이고 시장추종형 투자index
investor*를 하는 투자자들은 바로 그런 소극성 덕분에 매우 적은
비용을 뺀 평균 수익을 올릴 것이다. c) 그 집단이 평균 수익을
올린다면 나머지 집단, 즉 적극적 투자자들도 그럴 게 틀림없다.
그러나 이 집단은 높은 거래, 관리, 자문 비용을 치러야 할
것이다. 따라서 적극적 투자자들은 소극적인 투자자들보다
수익률이 훨씬 더 감소할 것이다. 이 말은 수동적인 집단, 즉
'문외한들know-nothings'이 승자가 될 게 틀림없다는 뜻이다.

버크셔 해서웨이 주주들에게 보내는 편지, 2008년 2월

* 시장지수를 추종해서 시장수익률과 동등한 수익률을 올리려고 하는 것.

투자와 운동 법칙

오래 전에 아이작 뉴턴 경은 우리에게 운동의 세 가지 법칙을
알려주었다. 위대한 업적이었다. 그러나 아이작 경은 투자엔
소질이 없었다. 그는 남해 거품사건South Sea Bubble* 때 거액을
잃었다. 후에 그는 이렇게 설명했다. '나는 별들의 움직임은
계산할 수 있다. 그러나 인간의 광기는 아니다.' 이때 본 손실로
인해 심각한 정신적 충격을 받지 않았더라면 아이작 경은
운동의 제4법칙도 추가로 발견했을지 모른다. 즉 '투자자들의
경우에 전반적으로 운동이 증가하면 수익은 줄어든다.'는
법칙을 말이다.

버크셔 해서웨이 주주들에게 보내는 편지, 2006년 2월

버핏의 첫 주식

내가 처음으로 주식을 산 건 열한 살 때였다. 왜 그렇게 오래
걸렸는지 모르겠다. 훨씬 어릴 때부터 관심이 있었는데 말이다.
그렇지만 열한 살이 되어서야 주식을 사는 데 필요한 120달러를
확보할 수 있었다. 나는 시티 서비스Cities Service 우선주 세 주를
주당 38달러에 샀다. 주가는 27달러로 떨어졌다. 이런 일들은
잊지 못하게 마련이다. 누나도 나와 함께 세 주를 샀다. 나는

---

* 1711년에 설립된 영국의 남해 주식회사South Sea Company가
1720년에 도산하면서 수많은 파산자를 배출한 사건.

부자가 되는데 자기는 그러지 못한다는 생각에 참을 수가 없었기 때문이다. 우리는 걸어서 등교를 하곤 했는데 주가가 떨어지면 누나는 끊임없이 그 사실을 내게 환기시켰다. 주가가 40달러로 반등했을 때 나는 주식을 팔았다. 우리는 세 주로 각자 5달러씩 벌었다. 주가는 후에 200달러 정도까지 올랐다. 등교 길에 자기 주식에 대해 누나와 이야기를 하는 건 전혀 도움이 안 된다.

조지아 공과대학 동창회보, 2003년 겨울

욕심, 겁내기, 매수

나는 주식을 살 때 단순한 규칙 하나를 반드시 따른다. 즉 다른 사람들이 욕심을 낼 때 겁을 내고, 다른 사람들이 겁을 낼 때 욕심을 내라는 것이다.

〈뉴욕 타임스〉, 2008년 10월 16일

구매 적기

나는 60센트로 1달러를 사려고 노력한다. 그렇게 할 수 있겠다는 생각이 들면 언제 그렇게 할지에 대해서는 별로 걱정하지 않는다. 이런 완벽한 예가 브리티시컬럼비아 전력British columbia Power이다. 1962년에 이곳이 국영화될 때, 누구나 지방정부가 최소한 X달러를 낼 것이고, 그러면 자기는 X에서, 예를 들면 5를 뺀 가격에 그곳을 살 수 있을 거라는 걸 알았다. 나중에 밝혀졌듯이, 지방정부는 훨씬 더 많은 돈을 냈다.

《포브스》, 1969년 11월 1일

식료품점을 하나 갖고 있는데, 조울증에 걸린 파트너가 어느 날 회사 지분을 내게 1달러에 팔겠다는 제안을 했다고 해보자. 그리고 바로 다음 날에는 태양이 아무 이유 없이 빛나고 있기 때문에 얼마를 줘도 팔지 않겠다고 했다고 해보자. 시장은 이런 파트너와 같다. 자기 마음대로 사고 팔 수가 없는 것도 이 때문이다. 자기가 원할 때 사고팔아야만 한다.

《포브스》, 1969년 11월 1일

오늘 사라

내일 훨씬 더 매력적인 뭔가를 찾아낼 거라는 생각으로, 오늘 매력적인 뭔가를 놓치지 말라.

컬럼비아 대학교, 2009년 11월 12일

어리석은 시장 행동

시장 행동이 어리석을수록 효율적인 투자자를 위한 기회는 훨씬 커진다.

《현명한 투자자The Intelligent Investor》서문, 2003년

부실기업 구매

우리에게 일어날 수 있는 가장 좋은 일은 우량 기업이 일시적 경영난에 빠질 때다. 그들이 수술대에 올라가 있을 때 사야 한다.

《비즈니스위크》, 1999년 7월 5일

불경기에 사기

모든 걸 고려해볼 때, 사람들이 비관적일 때 우리에겐 더 많은 기회가 생길 것이다. 우리가 비관론을 좋아해서가 아니라, 그럴 때 훨씬 매력적인 가격이 되기 때문이다. 여러분 모두가 사우스벤드South Bend 시에 주유소를 갖고 있고 그걸 매각할 생각이라면 나는 누구든 주유소에 대해 가장 부정적인 생각을 가진 사람과 거래하고 싶다. 그런 경우에 가장 좋은 조건에 살 수 있을 테니까 말이다. 일정 기간 동안 경기는 아주 좋았다 아주 나빴다 한다. 크리스마스가 아니라고 해서 7월에 캔디를 사지 않는 건 아니다.

노틀담 대학교 학부생 대상 강연, 1991년 봄

주가 결정(Pricing Stocks)

1달러 가치가 있다고 보는 무언가를 99센트에 사서는 안 된다. 60센트에 사야 한다. 안전 마진margin of safety이 있도록 말이다. 9천9백 파운드(약 4.49톤)짜리 트럭을 몰고 용량이 1만 파운드(약 4.54톤)짜리인 교량에 올라가서는 안 되는 법이다. 용량이 2만 파운드(약 9.07톤)라고 되어 있는 교량을 찾아야 한다.

조지아 공과대학 동창회보, 2003년 겨울

우리가 얘기하고 있는 게 양말이든 주식이든, 나는 질 좋은 상품을 가격이 내려갔을 때 사고 싶다.

버크셔 해서웨이 주주들에게 보내는 편지, 2009년 2월

가장 중요한 질문

우리는 절대 목표 가격price target을 속으로 정해두고 뭔가를 사지 않는다. 절대로 40이 되면 팔 거라든가, 50이나 60이나 100이 되면 팔 거라고 말하면서 뭔가를 30에 사진 않는다. 한 기업을 평가하는 한 가지 방법은, '이 기업이 시간이 갈수록 계속 점점 더 많은 이익을 산출할 것인가?'다. 그래서 질문에 대한 답이 '그렇다'면 그 이상 어떤 질문도 할 필요가 없다.

플로리다 대학교 세미나, 1998년 10월 15일

손에 넣은 새 한 마리

이솝은 좋은 재무 전공자는 못 된다. 이런 식으로 말했으니 말이다. '손에 넣은 새 한 마리는 숲 속에 있는 새 두 마리와 같은 가치가 있다.' 그러나 어떤 경우에 그런 건지는 언급하지 않는다. 어떤 경우에는 손에 넣은 새 한 마리가 숲 속에 있는 새 두 마리보다 낫고, 또 어떤 경우에는 숲 속에 있는 새 두 마리가 손에 넣은 새 한 마리보다 나은 법인데 말이다.

《스노볼》, 2008년

사지 말아야 할 때

어떤 기업과 관련된 모든 요소를 고려해봤을 때, 가치보다 못한 값에 팔리고 있다고 판단된다는 사실 외에는 어떤 이유로도 주식을 사서는 안 된다.

노틀담 대학교 교직원 강연, 1991년 봄

버핏의 주유소

오래전 1만 달러를 갖고 있을 때, 2천 달러를 싱클레어 주유소Sinclair service station에 집어넣었다 날렸다. 이 돈의 기회비용은 현재로 보면 약 60억 달러니, 상당히 큰 실수였다. 그래서 버크셔 주가가 내려가면 기분이 좋아진다. 싱클레어 주유소의 기회비용 역시 내려가는 거니까 말이다.

플로리다 대학교 세미나, 1998년 10월 15일

손을 떼야 할 때

만성적으로 물이 새고 있는 배에 타고 있다는 걸 알게 되면 배를 바꿔 타는 데 기운을 쏟는 편이, 새는 곳을 땜질하는 데 기운을 쏟는 것보다 더 생산적일 것이다.

《주식 말고 기업을 사라The Essays of Warren Buffett》, 1997년

버핏의 탄생과 시장

내가 태어난 1930년 8월 30일은 주가가 그해를 통틀어
최고치인 242를 기록했던 날이었다. 그러다 바로 41로
곤두박질쳤다. 우리 어머니는 그런 일을 목격한 것에 대단히
꺼림칙해 하셨을 게 틀림없다.

〈찰리 로즈Charlie Rose〉, 2011년 9월 30일

다우존스 지수 때문에 호흡곤란 증세를 보이는 것

주식 해설자들이 다우존스 지수가 수많은 숫자 중 짝수 하나를
넘어설 거라는 기대에 정기적으로 호흡곤란 증세를 보이는 게
웃기다. 그런 식으로 계속 반응한다면 금세기의 연 5.3퍼센트
증가율은 향후 92년 동안 적어도 1986번은 그런 발작을
겪는다는 뜻이 될 테니까 말이다.

버크셔 해서웨이 주주들에게 보내는 편지, 2008년 2월

투표 집계기인 시장

단기적으로 보면 시장은 투표 집계기고, 장기적으로 보면 계량기다. 현재 월 스트리트 사람들은 이렇게 말한다. '그래, 싸긴 하네. 하지만 오르진 않을 거야.' 바보 같은 소리다. 사람들이 성공적인 투자자가 될 수 있었던 건 성공적인 회사를 계속 보유하고 있기 때문이었다. 얼마 안 가 시장은 그 기업을 그대로 반영하게 된다.

《포브스》, 1974년 11월 1일

주식 분할(Splitting Stocks)

주식을 분할했기 때문에 그게 더 가치 있다고 생각하는 사람이 정말로 있다면 번지수를 잘못 찾은 것이다. 피자 가게에 가서 피자를 주문하면서 이렇게 말하는 사람하고 비슷하다. "피자를 네 조각이나 여덟 조각으로 잘라주시겠어요?" 그리고 이렇게 말한다. "네 조각이 낫겠네요. 여덟 조각은 도저히 못 먹을 테니까요."

조지아 공과대학 동창회보, 2003년 겨울

불확실성

세계는 언제나 불확실하다. 세계는 1941년 12월 6일에 불확실했다. 우리가 그걸 몰랐을 뿐이다. 세계는 1987년 10월 18일에 불확실했다. 알다시피 우리가 몰랐을 뿐이다. 세계는 2001년 9월 10일에 불확실했다. 우리가 그걸 몰랐을 뿐이다. 세상은 언제나 불확실한 것투성이다. 그렇다면 문제는 이것이다. 내가 가진 돈으로 뭘 할 것인가? 그냥 쥐고만 있으면 시간이 지날수록 가치가 없어지는 건 아니지만 가치가 떨어지게 될 것이다. 그건 확실하다.

CNBC, 2011년 11월 14일

채권(Bonds)

나는 단기채를 좋아하지 않는다. 장기채도 좋아하지 않는다. 그리고 굳이 물어본다면 중기채intermediate-term bonds도 좋아하지 않는다. 이런 환율에 달러 고정 자산을 구입하는 건 정말 끔찍한 실수라 생각한다.

CNBC, 2011년 3월 2일

상품

상품이 가진 문제는 다른 누군가가 6개월 안에 그걸 돈을 내고 살 거라는 데 기대를 걸고 있다는 것이다. 상품 그 자체는 여러분을 위해 아무 것도 해주는 게 없을 것이다.

CNBC, 2011년 3월 2일

금

금은 두려움 때문에 선택하게 되는 한 가지 방법이고, 때로는 두려움 때문에 선택하기에 상당히 좋은 방법이기도 했다. 그러나 1, 2년 안에 사람들이 가진 두려움이 지금보다 더 커지길 간절히 바랄 수밖에 없다. 그래서 그들이 더 많이 두려워하게 되면 돈을 버는 것이고, 덜 두려워하게 되면 돈을 잃는 것이다. 그렇지만 금 그 자체는 어떤 것도 생산하지 않는다.

CNBC, 2011년 3월 2일

이제까지 채굴된 모든 금을 가져다 각 변이 67피트(약 20.42미터)인 정육면체를 채울 수 있을 것이다. 금 시세로 이게 가진 가치는 미국에 있는 모든 농지를 살 수 있을 정도일 것이다. 일부가 아니라 말이다. 더불어, 엑슨 모빌을 10개 살 수 있고, 거기다 용돈 1조원도 가질 수 있을 것이다. 아니면 큰 정육면체로 된 금속 한 개를 가질 수도 있다. 어느 쪽을 택하겠는가? 어느 쪽이 더 많은 가치를 산출하겠는가?

CNN, 2010년 10월 19일

현금 가치

달러 뒤에는 "우리는 하나님을 믿습니다IN GOD WE TRUST."라고 쓰여 있다. 엘리자베스 워런Elizabeth Warren*이 미 정부 간행물 출판국장이라면 이렇게 쓰여 있어야만 할 거라 생각한다. "우리는 정부를 믿습니다IN GOVERNMENT WE TRUST." 지폐 뒤에 있는 건 그게 전부이기 때문이다. 정부는 화폐 가치를 하락시키는 조치를 취할 수 있고, 때로는 아주 빨리 그렇게 할 수도 있다. 그래서 내 생각에는 많은 사람들이 이 나라에 대해 걱정하는 부분이 그것이기도 하다.

CNBC, 2011년 5월 2일

* 매사추세츠 주 상원의원. 전 하버드 법대 교수로, 금융파산법과 소비자 권리를 적극적으로 옹호하는 입장. 소비자금융보호국장을 지냈고, 현재 소비자금융보호국 특별 고문으로 있다.

현금에 매달리는 것

현재 현금에 매달리는 투자자들은 나중에 타이밍 좋게 효율적으로 손을 뗄 수 있다는 확신을 갖고 있다. 그런 사람들은 안심이 될 만한 좋은 소식을 기다리며 웨인 그레츠키가 한 충고를 무시하려 한다. "나는 퍽이 있는 곳으로 움직이지 않는다. 퍽이 갈 곳으로 움직인다."

〈뉴욕 타임스〉, 2008년 10월 16일

2 월 스트리트와 투기

월 스트리트의 가치

월 스트리트의 본질은 전반적으로, 관여하는 사람들의 수에 비해서, 관여하는 사람들의 IQ에 비해서, 들인 에너지에 비해서 많은 돈을 번다는 데 있다. 그들은 열심히 일하고, 똑똑하다. 그러나 알다시피 어딘가에서 댐을 만들고 있거나, 그밖에 다른 많은 일을 하는 누군가보다 훨씬 더 열심히 일하거나 훨씬 더 똑똑한 건 아니다.

금융 위기 조사위원회 발언, 2010년 5월 26일

이상한 나라의 투자자들

많은 조력자들[투자 상담사들]은 이상한 나라의 앨리스에 나와 이런 말을 하는 여왕의 직계 자손인 듯하다. "이런, 나는 아침을 먹기 전에 불가능한 것을 여섯 가지나 믿었는데." 여러분 머릿속을 환상으로 가득 채우면서, 수수료로 자기 주머니를 가득 채우는 입심 좋은 상담사들을 조심하라.

버크셔 해서웨이 주주들에게 보내는 편지, 2008년 2월

시장에서 맑은 정신을 유지하기

여러분은 시장에서 어리석은 사람들을 잔뜩 상대하고 있다. 그런 면에서 보면 시장은 거대한 카지노고, 다른 사람들은 모두 술을 진탕 퍼마시고 있다. 콜라만 고집하는 사람이라면 틀림없이 무사할 것이다.

《포브스》, 1974년 11월 1일

월 스트리트의 나쁜 아이디어

내가 아는 월 스트리트 사람들 거의 모두가 좋은 아이디어를 나만큼 많이 갖고 있었다. 다만 나쁜 아이디어도 그만큼 많이 갖고 있었을 뿐이다.

노틀담 대학교 교직원 상대 강연, 1991년 봄

나쁜 전문 용어

나쁜 전문 용어는 좋은 생각의 적이다. 기업이나 투자 전문가가
"에비타EBITDA"*니, "프로 포르마pro forma"** 같은 용어를 쓸 때는,
위험하기 짝이 없는 하자 있는 개념들을 여러분이 아무 생각
없이 무턱대고 받아들이게 하고 싶은 것이다. "골프에서 내
점수는 '프로 포르마' 기준으로 보면 언더 파일 때가 많아."
"퍼팅 스트로크를 '구조조정'해서, 공을 그린에 올리기 전에
내가 한 스윙만 계산하려는 확고한 계획을 갖고 있어."

버크셔 해서웨이 주주들에게 보내는 편지, 2002년 2월

투기의 유혹

가격에 따라 움직이는 큰 자산군asset class을 갖게 된 경우에
언제나 일어날 수 있는 일이 하나 있다. 즉 얼마가 지나면
사람들이 그 자산군이 의미하는 게 뭔지를 잊어버리고,
지난주나 지난달에 가격이 크게 올랐다는 것, 자기보다 멍청한
이웃사람들이 돈을 많이 벌어서, 아내가 왜 당신은 금이나 뭐
그 비슷한 것에, 또는 인터넷 주식에 투자하지 않느냐고 말하고
있다는 사실에만 넋이 팔리는 것이다.

CNBC, 2011년 5월 2일

---

*   Earnings Before Interest, Tax, Depreciation and Amortization의 약자.
     이자, 세금, 감가상각비 공제 전 기업이익.
** 추정에 의한 수익률.

거품으로 이득을 보기

우리는 거품으로 이득을 보려 하지 않는다. 거품 때문에 파산하는 일을 막으려 노력할 뿐이다. 그리고 지금까진 잘 해왔다.

CNBC, 2011년 5월 2일

또래 압력과 거품의 원인

이웃사람이 이를테면 인터넷 주식 같은 걸로 돈을 많이 벌면, 아내는 당신이 그 사람보다 더 똑똑한데 그 사람이 더 부자다, 그러니 당신도 그걸 해보는 게 어떻겠냐고 말한다. 그게 어떤 지경에 이르러 데이트레이딩이나 그런 온갖 종류의 일이 시작되면 그게 뭘 하자는 건지를 알기가 매우 어렵다.

금융 위기 조사위원회 발언, 2010년 5월 26일

거품을 한 번 더

2003년에 실리콘 밸리의 차량 범퍼 스티커에 이런 기도가 적혀 있던 걸 기억할지도 모르겠다. "하나님 부디 거품을 한 번만 더 내려주소서." 불행하게도 이 소원은 즉시 이뤄지고 말았다. 거의 모든 미국인들이 주택 가격이 영원히 올라갈 거라고 믿게 되었으니까 말이다.

버크셔 해서웨이 주주들에게 보내는 편지, 2008년 2월

거품 붕괴가 일어날 때

호경기는 신데렐라가 무도회에 갔을 때와 비슷하다. 신데렐라는 자정이 되면 모든 게 호박과 쥐로 변해버릴 거라는 걸 알고 있었다. 그러나 무도회에서 춤추는 게 엄청나게 재밌었고, 남자들은 더 잘생겨 보였고, 술은 점점 더 잘 들어갔고, 벽에는 시계가 하나도 없었다. 자본주의에 바로 이런 일이 일어났다. 거품이 부풀어 오를 때는 굉장히 즐거운 시간을 보내다 밤 11시 55분에는 자리를 뜰 거라고 누구나 생각한다. 그러나 벽에는 시계가 하나도 없다.

〈하아레츠〉, 2011년 3월 23일

쉽게 번 돈

돈을 쉽게 벌 수 있다고 생각할 때 사람들은 변하고 싶어 하지 않는다. 특히 누군가가 한 달이나 두 달 전에 이렇게 쉽게 버는 돈을 조심하라고 한 다음, 이웃사람들이 그로부터 한 달이나 두 달 안에 돈을 좀 더 벌었다면 그건 그냥 불가항력적인 것이다.

금융 위기 조사위원회 발언, 2010년 5월 26일

과도한 레버리지

과도한 레버리지*는 문제를 낳는다. 이런 일은 어디에서나 일어날 수 있다. 반드시 은행 시스템에서만이 아닌, 가정에서도 가능하다. 그런데 자기 돈으로 값을 전부 지불할 수 없는 뭔가를 사기 위해 레버리지를 해야 한다는 발상에는 장점도, 한계도 존재한다.

 어느 정도 술과 비슷하다. 한 잔은 괜찮다. 그러나 열 잔을 마셨다가는 곤란해질 것이다. 레버리지의 경우에는 잘 되면 정말 굉장히 재미있기 때문에 그걸 이용하려는 경향이 강하다. 레버리지를 통제할 어떤 방법들이 있어야만 한다. 그리고 그건 주택 담보대출을 한 개인들에게도 해당된다. 집을 2~3퍼센트 더 싸게 산다는 사람들 생각은 문제를 낳을 것이다.

〈하아레츠〉, 2011년 3월 23일

---

* 차입금을 이용해서 투자를 하는 것.

중독적인 레버리지

레버리지는 효과가 있을 때는 이익을 확대시켜 보여준다. 배우자에게 영리하다는 평가를 받고, 이웃들은 샘을 낸다. 그러나 레버리지에는 중독성이 있다. 일단 레버리지가 가진 기적과 같은 효과로 이득을 보게 되면 더 신중한 수단으로 물러서려는 사람들은 극소수다. 또 우리 모두가 3학년 때, 또 어떤 이들은 2008년에 알게 되었듯이, 일련의 어떤 양수들이라도, 그게 얼마나 엄청나게 큰 숫자라도, 0 하나만 곱하면 소멸해버린다. 아무리 똑똑한 사람들이 이용하더라도, 레버리지는 너무나 쉽게 0들을 만들어낸다는 게 역사가 주는 교훈이다.

버크셔 해서웨이 주주들에게 보내는 편지, 2011년 2월

레버리지의 위험성

극단적인 레버리지는 대체로 말해서 순전히 마이너스다. 빚이 어마어마한 회사를 사는 건 핸들에 심장을 겨눈 단검을 달고, 차를 몰고 도로를 달리는 것과 비슷하다는 비유가 있었다. 그런 상황에서는 곤경에 빠지고도 남는다. 그런 경우에 그 사람은 더 나은 운전자가 될 게 분명하다. 유별나게 조심하면서 운전할 테니 말이다. 언젠가 움푹 파인 구덩이나 빙판이라도 만나면 숨이 턱 하고 막힐 것이다. 사고 횟수는 줄어들 것이다. 그러나 사고가 일단 일어나면 치명적인 게 될 것이다.

노틀담 대학교 학부생 대상 강연, 1991년 봄

똑똑한 사람들과 레버리지

레버리지가 없으면 문제에 휘말리지도 않는다. 레버리지는 똑똑한 사람이 파산에 이를 수 있는 유일한 길이다. 똑똑한 사람이라면 레버리지가 필요 없고, 멍청한 사람이라면 그걸 이용해서는 안 된다고 나는 입버릇처럼 말하곤 한다.

금융 위기 조사위원회 발언, 2010년 5월 26일

파생금융상품

오래 전에 마크 트웨인은 이렇게 말했다. "꼬리를 잡고 고양이를 집에 데려가려고 하는 사람은 다른 방법으로는 도저히 배우지 못할 교훈을 얻을 것이다." 트웨인이 지금 살아 있다면 결국 파생금융상품 거래에 나서게 됐을지도 모른다. 며칠이 지나면 차라리 고양이 쪽을 선택하고 말 것이다.

버크셔 해서웨이 주주들에게 보내는 편지, 2006년 2월

신용부도 스왑(Credit Default Swaps)

신용부도 스왑은 매우 파괴적인 방법이 될 수 있다. 생각해보라, 여러분이 불쑥 가서 우리 집 화재보험을 들 수는 없지 않나 말이다. 여러분에겐 업계 용어로 하면, 피보험 이익이 없으니 말이다. 여러분이 우리 집에 화재보험을 들었다가는, 우리 집 잔디밭에 여기저기 불을 지르는 게 좋은 생각일 수 있겠단 결론을 내릴지도 모르기 때문이다. 따라서 신용부도 스왑은, 행정조직의 관련 부채underlying debt가 없는 상태에서 신용부도 스왑을 구입한 경우, 그곳이 어려움에 처하는 게 이득이 된다.

많은 사람이 어떤 곳에 문제가 생기는 것으로 이득을 보게 된다면 사람들이 그곳에 대해 오해하게 만드는 발표를 하기 시작할지도 모른다. 즉 어느 은행 주식이 부족한데 연방예금보험공사FDIC 같은 조직이 전혀 없다면 여러분은 엑스트라 배우 백 명을 사서 은행 앞에 서 있게 할지도 모른다. 그렇게 해서 결과적으로 자기가 원하는 현실을 만들어낼 것이다. 즉 신용부도 스왑을 사고, 거기에 대해 이야기하고, 신용부도 스왑 가격이 올라가게 하는 건 어느 정도 그것만의 독자적 현실을 창출한다. 따라서 내 생각에 신용부도 스왑은 잠재적으로 매우 반사회적인 도구다.

CNBC, 2011년 11월 14일

3 비즈니스

자기 한계를 아는 것

우리가 가진 힘이라면 언제 우리가 우리 능력 범위 안에서 잘 움직이고 있는지, 그리고 언제 한계에 다다르고 있는지를 알고 있는 데 있다.

버크셔 해서웨이 주주들에게 보내는 편지, 2000년 3월

가격 결정력(Pricing Power)

한 기업을 평가할 때 가장 중요한 판단 요소는 가격 결정력이다. 경쟁사에 고객을 빼앗기지 않고 가격을 올릴 수 있는 능력이 있다면 아주 훌륭한 기업을 갖고 있는 것이다. 그런데 가격을 1센트의 1/10이라도 올리기 전에 기도회라도 가져야 한다면 형편없는 기업을 갖고 있는 것이다.

금융 위기 조사위원회 발언, 2010년 5월 26일

기업의 해자(Business Moats)

진정 우수한 기업은 지속력 있는 '해자moat'*를 갖고 있어야만 한다. 투입 자본 대비 탁월한 수익성을 보존해줄 수 있는 해자를 말이다. 자본주의는 역학상, 고수익을 올리는 어떤 기업이라는 '성castle'도, 경쟁자들이 반복해서 공격할 수 있도록 보장한다. 따라서 회사가 가이코GEICO와 코스트코Costco처럼 저비용 생산자low-cost producer거나, 코카콜라, 질레트, 아메리칸 익스프레스 같은 유력한 세계적 브랜드를 소유하고 있는 것처럼 강력한 진입 장벽을 갖는 게 지속적 성공에 필수적이다. 기업의 역사는 알고 보면 그 해자가 착각에 불과한 것이어서 금세 건너갈 수 있는 '원통형 폭죽Roman Candles' 같은 곳들**로 가득하다.

버크셔 해서웨이 주주들에게 보내는 편지, 2008년 2월

---

*   성 주위에 둘러 판 못.
**   솟구쳐 올라가 잠깐 동안은 화려하게 빛을 발하지만 터진 후에 금방 빛이 사라져버리는 폭죽처럼 그렇게 금방 경쟁력을 잃고 사라지는 회사들에 대한 비유.

어떤 기업을 이해하기

우리는 실사due diligence를 하거나 윈도우 쇼핑을 하러 다니지 않는다. 그런 건 중요한 게 아니다. 중요한 건 한 기업이 가진 경쟁력을 이해하는 것이다. 어떤 사람이 하는 화려한 판촉에 넘어가선 안 된다. 정말 중요한 건 경쟁 우위의 존재 여부다. 거대한 성과 성 주위에 해자를 가진 기업이어야 한다. 또 그 해자가 시간이 흐를수록 넓어져야 한다.

《비즈니스위크》, 1999년 7월 5일

내가 이해할 수 있는 것들로 이루어진 세계를 살펴보는 게 내가 하는 일이다. 즉 나는 아이크 프리드먼Ike Friedman이 하는 보석상***을 이해할 수 있다. 그런 다음 일정 기간 동안 현금의 흐름, 즉 현금이 들고 나는 게 어떻게 될지를 알아내려 노력한다. 우리가 시즈 캔디See's Candies****에 대해 했던 것처럼 말이다. 그리곤 그걸 적당한 가격으로 다시 깎으려고 노력한다. 장기 국채 금리long term Government rate 가격으로 말이다. 그런 다음 그것보다도 아주 싼 가격에 사려고 노력한다. 그게 다다. 이론적으로 나는 이 세상에 있는 모든 기업, 즉 내가 이해할 수 있는 기업들을 대상으로 그런 일을 하고 있다.

노틀담 MBA 학생들 대상 강연, 1991년 봄

***   보샤임 주얼리(Borsheim Jewelry).
**** 1921년 창업한 미국의 고급 초콜릿 브랜드.

프리미엄 기업

가장 흥미로운 일 한 가지가, 언제고 슈퍼마켓을 돌아다니면서
누가 가격 결정력을 갖고, 누가 프랜차이즈를 갖고 있고,
누구는 아닌지에 대해 생각해보는 것이다. 여러분이 오레오
쿠키 아니면 오레오 쿠키와 비슷하게 생긴 뭔가를 아이들이나
배우자나 누군가에게 주려고 집에 사갈 생각이라면 여러분은
오레오 쿠키 쪽을 살 것이다. 오레오 쿠키 비슷하게 생긴
뭔가가 한 상자에 3센트 더 싸더라도 오레오 쿠키를 살 것이다.
여러분은 다른 무언가 대신 젤로Jell-O를 살 것이다. 와일러의
분말 청량음료 대신에 쿨-에이드를 살 것이다. 그러나 우유를
사러 간다면 그게 보든Borden이든 실테스트Sealtest든 뭐든 상관이
없다. 다른 우유 대신 특정한 우유를 사기 위해 웃돈을 내진
않을 거다. 아마도 다른 냉동 콩 대신 어떤 냉동 콩[브랜드]을
사려고 웃돈을 내진 않을 거다. 이게 바로 훌륭한 기업을 가진
것과 훌륭하지 않은 기업을 가진 것의 차이다. 우유 기업은 좋은
기업이 아니다.

노틀담 대학교 학부생 대상 강연, 1991년 봄

'아메리칸 익스프레스'라는 이름은 세계에서 가장 훌륭한
프랜차이즈에 속한다. 아무리 끔찍하게 경영을 못 하더라도
반드시 돈을 벌게 되어 있었으니 말이다.

《포브스》, 1969년 11월 1일

자본집약적 기업

자본집약적이지 않은 훌륭한 기업을 위해 일할지, 자본집약적인 훌륭한 기업을 위해 일할지, 선택할 수 있다면 자본집약적이지 않은 기업을 고려해보길 바란다.

노틀담 MBA 학생 대상 강연, 1991년 봄

훌륭한 거래를 찾아내기

세상이 훌륭한 거래에 대해 말해주진 않을 것이다. 스스로 찾아내야 한다.

컬럼비아 대학교, 2009년 11월 12일

신문

인정할 건 인정하자. 신문은, 말하자면 철도차량용 연결기를 만드는 것보다 엄청나게 재미있다. 나는 소유한 신문들의 편집 작업에 관여하진 않지만 사회를 형성하는 데 도움이 되는 조직의 일원이라는 데 큰 기쁨을 느낀다.

〈월 스트리트 저널WallStreetJournal〉, 1977년 3월 31일

가십 접근법(The Scuttlebutt Approach)

나는 초창기에 기업들을 확실히 파악하기 위해 많은 일을 했다. 그러기 위해 내가 주로 택했던 방식은 필 피셔Phil Fisher가 "가십 접근법"이라 부른 것을 이용하는 거였다. 나는 고객, 공급자, 어떤 경우에는 전前 종업원들일지 모르는 사람들과 이야기를 나누러 다니곤 했다. 즉 모든 사람과 말이다. 어떤 업계에 관심이 갈 적마다, 예를 들어 그게 석탄업계라면, 나는 모든 석탄 회사를 돌아보려고 했다. 나는 모든 CEO에게 이렇게 물어보곤 했다. "자기 회사가 아닌 다른 석탄 회사 주식을 한 곳만 살 수 있다면 어느 회사 주식을 살 것이고, 이유는 뭔가요?" 그렇게 해서 나온 답들을 종합해보고 얼마가 지나면 그 사업에 대해 많은 것을 알게 된다.

플로리다 대학교 세미나, 1998년 10월 15일

주식 중개인들과 얘기하지 말 것

나는 매년 연례 보고서 수백 개를 읽는다. 나는 어떤 중개인과도 이야기하지 않는다. 나는 중개인들과 이야기하고 싶지 않다. 그 사람들이 나에게 멋진 아이디어들을 줄 리가 없기 때문이다.

노틀담 MBA 학생들 상대 강연, 1991년 봄

자기가 무엇을 아는지 아는 것

자기가 무엇을 아는지 아는 것, 그리고 자기가 무엇을 모르는지 아는 게 중요하다. 자기가 아는 것들의 범위를 넓힐 수 있다면 훨씬 좋다. 많은 기업들을 파악할 수 있다면 소수의 기업만 파악할 수 있는 것보다 성공 가능성이 더 높은 건 분명하다.

    자기가 자신감을 가질 수 있는 범위의 한계를 알고, 그 범위 안에서 노는 게 중요하다. 그 범위는 넓으면 넓을수록 좋다. 뭔가가 내 범위 내에 있지 않다면 나는 그 게임에는 뛰어들지 않을 것이다. 나는 스무 살짜리 노르웨이 체스 챔피언이 있다는 걸 알게 되었다. 여든 살인 내가 그보다 낫다고들 생각할지 모르겠다. 근데 그렇지가 않다. 그와 체스를 둔다면 내가 질 것이다. 거의 세 수만에 그는 나를 때려눕힐 것이다.

    실제로는 아닌 걸 자존심 때문에 잘 한다고 해봤자 소용없다. 내가 그 두 가지를 정확히 구분할 수 있는 한 성공할 것이고, 그러지 못한다면 성공하지 못할 것이다. 애플을 보라. 5년 전에 과연 무슨 일이 벌어질지 내가 알 수 있었을까? 아니다. 스티브 잡스는 알았다. 그와 다른 사람들 머릿속에는 들어 있었다. 나는 계속해서 내가 아는 것에만 집중할 것이다.

〈하아레츠〉, 2011년 3월 23일

성장 대 수익

찰리와 나는 우리가 미래를 가늠해볼 수 없는 기업들은 피한다. 그런 기업들이 내놓는 제품이 얼마나 흥미로운지는 상관없다. 과거에는 반드시 남다른 감식안이 있어야만 1910년에 자동차, 1930년에 항공기, 1950년에 텔레비전 같은 산업에 눈부신 성장이 기다린다는 걸 예견할 수 있는 게 아니었다. 그러나 당시의 미래에는 그런 업계에 진입하는 거의 모든 기업들에게 타격을 줄 수 있는 경쟁 역학도 존재했다. 생존자들조차도 출혈을 떠안고 떨어져나가기 십상이었다. 찰리와 내가 어느 산업이 장차 극적인 성장을 이룰 거라는 걸 분명하게 예상할 수 있다고 해서, 이윤폭과 자본수익률이 얼마가 될지를 판단할 수 있다는 뜻은 아니다. 수많은 경쟁자들이 우위에 서기 위해 전쟁을 벌이고 있으니 말이다. 버크셔에서는 수십 년 동안의 수익 상황이 합리적으로 예측 가능해 보이는 기업들에 충실하려고 한다.

버크셔 해서웨이 주주들에게 보내는 편지, 2010년 2월

회사 매수 대 주식

찰리와 나는 a) 우리가 잘 아는 사업을 하고, b) 유리한 장기적 자본 환경을 갖고 있고, c) 유능하고 신뢰할 수 있는 경영진이 있고, d) 가격이 합리적인 기업들을 찾는다. 우리는 회사 전체를 사거나, 경영진이 우리 파트너인 경우에는 최소한 80퍼센트를 사길 원한다. 그럼에도 불구하고, 양질의 지배 유형 매수control-type purchases가 불가능하다면 기꺼이 주식 구매를 통해 훌륭한 기업의 작은 일부분만 사기도 한다. 가짜 다이아몬드를 통째로 갖는 것보다는 호프 다이아몬드의 일부 소유권을 갖는 편이 낫다.

버크셔 해서웨이 주주들에게 보내는 편지, 2008년 2월

코끼리 찾기

예를 들어 작은 회사들처럼 내가 받아들여질 수 없는 세계가 대기업들처럼 내가 받아들여질 수 있는 세계보다 더 매력적인 곳이 되었다. 나는 코끼리들을 찾아야만 한다. 코끼리는 모기만큼은 매력적이지 않을지 모른다. 그렇지만 내가 있어야 할 세계는 거기다.

《비즈니스위크》, 1999년 7월 5일

시즈 캔디(See's Candy)

우리 시즈 캔디는 내가 능력을 발휘한 덕분에 현재 1파운드(약 453.59 그램)에 11달러다. 1파운드에 6달러로 살 수 있는 캔디가 있다고 해보자. 여러분은 밸런타인데이에 오랫동안 시즈 캔디에 굉장히 좋은 인상을 품어온 애인을 만나서 — '자기야, 올해는 싼 걸 사봤어.'라고 말하며 그 캔디 상자를 건네겠는가?

플로리다 대학교 세미나, 1998년 10월 15일

코카콜라와 행복

코카콜라는 전 세계의 행복한 사람들과 연관이 있다. 디즈니랜드, 월드컵, 올림픽처럼 사람들이 행복한 모든 곳과 말이다. 행복과 코카콜라는 함께 간다. 여러분이 내게 얼마든 돈을 주면서, 전 세계에서 RC 콜라도 이렇게 되게 만들라고, 전 세계 50억 인구가 RC 콜라에 대해 좋은 인상을 갖게 하라 했다고 해보자. 그렇게는 되지 않을 것이다. 시간 낭비를 하고 싶다면야 좋다. 뭐든 하고 싶은 대로 해도 된다. 주말 할인 행사를 할 수도 있다. 그러나 그것만큼은 건드리지 못할 것이다. 그게 바로 기업이 갖고 있어야 하는 것이다.

플로리다 대학교 세미나, 1998년 10월 15일

콜라의 맛

사람들이 이해하지 못하는 한 가지는 콜라를 천억 달러의 가치가 있게 만드는 게 단순한 하나의 사실이라는 점이다. 즉 콜라는 맛이 기억되지 않는다. 9시에도, 10시에도, 1시에도, 5시에도 콜라를 마실 수 있다. 5시에 마신 콜라는 아침 일찍 마신 콜라와 똑같이 맛있을 것이다. 크림소다도, 루트비어도, 오렌지도, 포도도, 그밖에 다른 어떤 것도 그러지 못한다. 이런 것들은 모두 축적되기 때문이다. 식음료 대부분은 여러분에게 축적된다. 얼마 지나면 질리게 된다. 그렇다면 전 세계에 콜라를 과용하는 사람들이 있을 수 있다는 말이 된다. 습관처럼 하루에 콜라 다섯 잔을 마시거나, 다이어트 콜라라면 하루에 일곱 잔이나 여덟 잔을 마시곤 하는 사람들 말이다. 그들은 다른 제품들로는 절대 그러려 하지 않는다. 따라서 1인당 소비량이 믿을 수 없이 엄청나게 늘어난다.

플로리다 대학교 세미나, 1998년 10월 15일

허쉬 초콜릿

드럭스토어에 가서 "허쉬 초콜릿 바 주세요."라고 하니 점원이 이런다고 해보자. "허쉬 바는 없어요. 하지만 유명하지 않은 초콜릿 바는 있어요. 게다가 허쉬 것보다 5센트 더 싸고요." 그러면 그 사람은 그냥 길을 건너 허쉬 바를 산다. 그게 바로 좋은 기업이다.

노틀담 대학교 교직원 강연, 1991년 봄

질레트

질레트는 정말 놀랍다. 질레트는 달러 가치로 전 세계 면도날의 60퍼센트 이상을 공급한다. 밤에 잠자리에 누워 내가 잠들어 있는 동안 수십억 명에 달하는 남자들 얼굴에 수염이 자라고 있는 걸 떠올리면 단잠이 든다.

네브래스카 링컨 대학교 학생들과의 세미나, 1994년 10월 10일

더 데일리 레이싱 폼

어쨌든 유통되는 것 중에서 미국에서 가장 비싼 신문은 '더 데일리 레이싱 폼the Daily Racing Form'이다. 하루에 15만 부가 나가는 데다, 약 50년간 그랬고, 2달러나 2.25달러에 계속 가격을 올리고 있는 중이며, 없어서는 안 될 신문이다. 경마장에 가려는데 조스 리틀 그린 시트Joe's Little Green Sheet와 '더 데일리 레이싱 폼' 둘 중 하나를 택해야 할 때, 훌륭한 경마 예상꾼racing handicapper이라면 '더 폼The Form' 쪽을 고른다. '더 폼'은 2달러를 매겨도 되고, 1.50달러를 매겨도 되고, 2.50 달러를 매겨도 된다. 사람들이 반드시 사게 되어 있으니까 말이다. 마약 중독자에게 마약을 파는 거나 같다. 없어서는 안 되는 장사인 것이다.

노틀담 대학교 교직원 강연, 1991년 봄

월트 디즈니 사

1966년 상반기에 주식 시장에서 월트 디즈니의 가치가 얼마였는지 알아보라. 주당 가격이 53달러였으니, 그리 싼 것 같진 않았다. 그러나 그걸 토대로, 이제는 감가상각 되어 가치가 없어진 백설 공주와 스위스 로빈슨 가족Swiss Family Robinson 등의 애니메이션들이 아직 엄청난 가치가 있었을 때 회사 전체를 8천만 달러에 살 수 있었다는 얘기다. 더구나 디즈니랜드도 가질 수 있었을 뿐 아니라, 천재 월트 디즈니도 파트너로 둘 수 있었다.

《포브스》, 1969년 11월 1일

우리는 1966년에 월트 디즈니 사의 5퍼센트를 구입했고, 4백만 달러가 들었다. 전체 기업 가치 평가액은 8천만 달러였다고, 〈메리 포핀스〉가 막 나왔을 때였다. 〈메리 포핀스〉는 그해 3천만 달러를 벌어들였고, 7년 후에 여러분은 같은 또래 아이들에게 또 그걸 보여줄 것이다. 캐낸 석유가 몽땅 다시 스며드는 유정油井을 갖고 있는 거나 마찬가지다.

요새 수치는 아마 다르겠지만 1966년에 그들은 이런저런 종류의 애니메이션 220편을 갖고 있었다. 이 모두가 감가 상각되어 가치가 0이 되었다. 즉 60년대를 지나면서 어떤 디즈니 영화에도 잔존 가치는 없었다. 따라서 디즈니의 모든 것을 사는 데는 8천만 달러면 됐다. 그러면 월트 디즈니가 날 위해 일하게 할 수 있었고 말이다. 믿을 수가 없을 정도였다. 그런데 정말 그랬다.

그런데 이유는 이랬다. 1966년에 사람들은 이렇게 말했다. "메리 포핀스는 올해 굉장했어. 하지만 내년에 메리 포핀스 같은 게 또 나오진 못할 거야. 그러니까 수익률은 내려가겠지." 수익률이 그렇게 내려가든 말든 나는 상관하지 않는다. 가령 애들이 조금이라도 꽥꽥 울어대면 7년은 더 옜다 하며 던져줄 수 있는 〈메리 포핀스〉가 여전히 수중에 있으니 말이다. 즉 기본적으로, 7년마다 햇곡식을 거둬들이고, 그때마다 더 비싼 값을 매길 수 있는 무언가를 갖고 있는 것보다 더 나은 시스템은 없다는 뜻이다.

노틀담 MBA 학생들 대상 강연, 1991년 봄

인터넷으로 돈 벌기

하나의 현상이 되고 있는 인터넷은 정말 대단하다. 내가 아는 건 그 정도다. 그걸로 어떻게 돈을 버는 건지는 정말 모르겠다. 나는 인터넷으로 수익을 보려 하지 않는다. 그렇지만 그게 기존에 확고히 자리 잡은 기업에 어떤 손해를 미칠 수 있는지에 대해서는 정말로 궁금하다. 변화보다는 변화가 없다는 데서 이득을 보는 게 우리의 접근 방식이다. 리글리Wrigley 껌이 내 관심을 끄는 건 변화가 없다는 점이다. 내 생각에 그 회사는 인터넷 때문에 손해를 보는 일은 없을 것이다. 그게 바로 내가 원하는 종류의 기업이다.

《비즈니스위크》, 1999년 7월 5일

인터넷 기업 열풍

인터넷은 우리 삶을 뒤바꿔놓고 있었다. 그렇다고 그게 모든 회사가 주식 상장을 할 수 있을 만큼 50억 달러의 가치를 갖고 있다는 의미는 아니었다.

금융 위기 조사위원회 발언, 2010년 5월 26일

섬유 사업

우리가 하는 섬유 사업이 별로 유망하지 않다는 걸 22년이 지나서야 알게 되었다. 섬유 생산을 하면서 우리는 미국에서 생산되는 남성 양복 안감의 절반을 제작했다. 여러분이 남성 양복을 입는다면 해서웨이 안감이 들어가 있을 가능성이 높았다. 게다가 우리가 안감을 만든 건 2차 세계대전 동안이었다. 고객들이 다른 업체들로부터는 안감을 구할 수 없을 때였다. 시어스 로벅Sears Roebuck*에서는 '올해의 공급자'로 우리를 선정했다. 그들은 우리에게 열광했다. 실은 남성복점에 가서 해서웨이 안감이 들어간 가는 세로줄무늬 양복을 달라고 하는 사람은 아무도 없기 때문에 그쪽에선 우리에게 1야드(약 95.44 센티미터)당 0.5센트도 더 주지 않으려 했다. 그걸 미리 알지 못한 것이다.

노틀담 MBA 학생들 대상 강연, 1991년 봄

* 미국 굴지의 유통업체. 소매점 및 통신판매업체를 갖고 있다.

기업 윤리

투자자들에게 하는 세 가지 제안은 이렇다. 첫째, 부실 회계 관행을 보이는 회사를 조심할 것. 어떤 회사가 옵션을 비용으로 치지 않는다거나 연금 수익률 산정이 비현실적이라면 조심하라. 경영진이 눈에 보이는 것들에서 부도덕하게 행동한다면 눈에 보이지 않는 곳에서도 비슷한 경향을 보일 테니 말이다. 부엌에 바퀴벌레가 한 마리만 있을 리는 없는 법이다.

둘째, 이해하기 어려운 각주는 경영진을 신뢰할 수 없다는 걸 보통 암시한다. 각주나 경영자가 하는 설명을 이해할 수 없다면 그건 CEO가 여러분이 그걸 이해하지 못하길 바라기 때문인 경우가 많다. 특정 거래들에 대해 엔론 사측이 붙인 설명을 보면 나는 '지금도' 골머리가 아파온다.

마지막으로, 수익 전망과 성장률 예측을 떠들썩하게 과시하는 회사들을 의심하라. 기업이 평온하거나 놀랄 게 없는 환경에서 돌아가는 법은 좀체 없다. 그러다 보니 수익률도 순탄하게 올라가진 않는다. 물론 투자 은행가들의 매출장부 offering book에서는 그런 것처럼 보이지만 말이다. 찰리와 나는 우리가 보유한 기업들이 '내년'에 얼마를 벌지 당장은 알지 못할 뿐더러, 그 기업들이 '다음 분기'에 얼마를 벌지도 알지 못한다. 우리는 미래를 진짜로 알고 있다고 일관되게 주장하는 CEO들에게 의심의 눈초리를 보낸다. 자연히 그런 사람들이 공언한 목표를 지속적으로 달성할지도 절대 믿지 못하게 된다. "목표 수치를 달성할 것"이라 언제나 장담하는 경영자들은 어느 시점에 가면 목표 수치를 '조작'해서 만들어내고 싶은 마음이 들 테니 말이다.

버크셔 해서웨이 주주들에게 보내는 편지, 2003년 2월

위험에 처한 기업

썰물 때가 돼봐야 누가 벌거벗고 헤엄치고 있었는지 알 수 있는 법이다.

버크셔 해서웨이 주주들에게 보내는 편지, 2008년 2월

위험과 인간 본성

인간이 금융 기관을 비롯한 기관들을 운영하는 한, 지나친 위험을 감수하는 사람들이 있을 것이고, 때로는 훔치는 사람들이 있을 것이고, 알다시피 자기가 감수하려는 위험이 뭔지도 모르는 사람들이 있을 것이다. 그게 기업의 본질이다.

CNBC, 2011년 11월 14일

미국 실업계의 정도(正道)

전 상원의원 앨런 심슨Alan Simpson은 이런 유명한 말을 했다. "워싱턴에서 정도正道를 가는 사람들은 가는 길이 붐빌까 걱정할 필요가 없다." 그러나 이 상원의원이 정말 한적한 길을 찾고 싶었다면 미국 실업계의 회계 관행 쪽을 봤어야 했다.

버크셔 해서웨이 주주들에게 보내는 편지, 2008년 2월

부풀린 수익

오랫동안 나는 대부분의 기업들이 보고한 수익률을 거의 신뢰하지 않고 있다. 노골적인 부도덕함의 화신이라 할 만한 엔론과 월드콤 얘기를 하려는 게 아니다. 외려 보고된 수익을 부풀리기 위해 최고경영자들이 쓰는 합법적이지만 변칙적인 회계 방식 얘기를 하고 있는 것이다.

〈뉴욕 타임스〉, 2002년 7월 24일

더러운 기업 세탁물

세탁물이 얼마나 더러웠는지를 알게 되는 건 헹굼 사이클 때다. 우리는 미국 실업계의 헹굼 사이클에 있다. 그런데 우리가 인정하고 싶은 것보다 더 더러운 세탁물이 있다는 걸 발견하는 중이다.

조지아 공과대학 동창회보, 2003년 겨울

스톡옵션에 대한 회계 처리

옵션이 가진 장점이 뭐든 간에 옵션들의 회계 처리는 도가 지나치다. 올해 가이코GEICO에서 광고에 쓸 1억 9천만 달러에 대해 잠깐 생각해보자. 광고비를 현금으로 지불하는 대신, 해당 매체에 10년 만기 등가격 버크셔 옵션들로 ten-year at-the-market Berkshire options 지불했다고 가정해보자. 그 경우에 누구든 버크셔가 광고비를 부담하지 않았다거나, 이 비용을 회계장부에 기입해선 안 된다고 주장하고 싶은 사람이 있을까?

버크셔 해서웨이 주주들에게 보내는 편지, 1999년 3월 1일

CEO 윤리

대부분의 CEO들은 기꺼이 자식들 자산의 피신탁인이나 이웃집 사람들로 받아들일 만한 남녀라는 데 유의해야 한다. 그런데 이 중 너무나 많은 사람들이 최근 몇 년간 회사에서 나쁜 짓을 저질러, 숫자를 조작하고 그저 그런 사업실적에 터무니없이 많은 급료를 받았다. 다른 점에서는 존경할 만한 사람들이 메이 웨스트Mae West의 전철을 그대로 밟았다. "나는 백설 공주였어요. 하지만 나쁜 길로 빠졌죠."

주주들에게 보내는 편지, 2003년 2월 21일

4 버크셔 해서웨이

한 번의 좋은 결정

내가 일 년에 좋은 결정을 한 번이라도 내릴 수 있다면 우리는 괜찮을 것이다.

CBS 뉴스, 2012년 2월 8일

좋은 결정의 중요성

나는 버크셔에서 결정을 내릴 때면 내가 가진 순자산의 99퍼센트가 버크셔에 들어가 있고, 전부를 자선단체들에 기부할 작정이라는 사실을 떠올리려 한다. 즉 여길 파산에 이르게 한다면 내겐 큰 손실이 된다는 걸 말이다.

금융 위기 조사위원회 발언, 2010년 5월 26일

아이디어보다 많은 돈

몇 년 전까지만 해도 우리는 더 사기 위해 팔았다. 내가 가진 돈이 다 떨어졌기 때문이었다. 나는 돈보다 아이디어가 더 많았다. 현재는 아이디어보다 돈이 더 많다.

《비즈니스위크》, 1999년 7월 5일

실수하기

실수에 대해서는 신경 쓰지 않는다. 나는 회사 전체의 안녕을 위태롭게 할 어떤 일도 절대 하지 않으려 노력한다. 그렇기 때문에 내가 실수를 저지를 거라는 사실을 감안해서 결정을 내린다.

〈하아레츠〉, 2011년 3월 23일

앞으로 나는 더 많은 실수를 저지를 것이다. 그건 틀림없다. 컨트리 가수 바비 베어Bobby Bare가 부른 노래 가사 한 구절이 인수acquisition에서 너무나 자주 벌어지는 일이 뭔지 알려준다. "못생긴 여자와는 절대 자려고 한 적 없어. 그러나 자고 일어나 보니 그런 여자가 옆에 누워 있었던 적은 분명 있곤 했지."

버크셔 해서웨이 주주들에게 보내는 편지, 2008년 2월

절대 뒤돌아보지 말 것

우리는 절대 뒤돌아보지 않는다. 앞으로 기대할 게 정말 많기 때문에 했을 수도 있었던 일에 대해 생각하는 건 무의미한 짓이라 판단해서다. 그렇다고 뭐가 달라지겠는가 말이다. 알겠지만 우리가 살아갈 수 있는 건 앞으로의 인생뿐이다.

플로리다 대학교 세미나, 1998년 10월 15일

부작위 실수들

나는 온갖 엄청난 부작위 실수들을 저질렀다. 위임과 관련된 실수들은 회계에서 드러난다. 내가 뭔가를 1달러에 사고 50센트에 팔면 눈에 띄게 된다. 우리는 상대적으로 경미한 작위 실수들 mistakes of commission*을 저질렀다. 이런 건 신경 쓰이는 실수들은 아니다. 내가 말하려는 부작위不作爲란 내가 자신할 수 있는 범위 내에 있는 것들, 내가 이해할 수 있었고, 이해했고, 그런데도 거기에 대해 아무 일도 하지 않았던 것들을 가리킨다. 손가락만 빨고 있을 뿐이었던 것이다. 그런 게 큰 실수다.

조지아 공과대학 동창회보, 2003년 겨울

---

* 하지 말았어야 할 대응이나 행위를 저지르는 것. 해야 하는 대응이나 행위를 하지 못한 것을 가리키는 부작위 실수의 반대.

함께 돈 벌기

우리는 파트너들이 돈을 벌 때만, 그것도 그들과 정확히 동률로 돈을 벌고 싶다. 나아가 내가 뭔가 바보 같은 일을 저지르면 내가 보게 될 금전적 손해가 여러분이 볼 손해와 정비례한다는 사실이 위안이 되길 바란다.

《주식 말고 기업을 사라》, 1997년

거래 구조

농장을 사서 나 대신 누군가에게 농장 운영을 맡긴다면 농부가 농작물의 몇 퍼센트를 가져갈지에 대해 그와 맺는 계약이 중요할 것이다. 누군가에게 나 대신 아파트 건물을 관리하게 한다면 내가 그와 맺는 협약은 중요하다. 수익을 어떻게 나눌 것인가 하는 측면에서 중요할 뿐만 아니라, 그 사람의 태도를 평가한다는 측면에서도 중요하다. 나를 적이 아닌 파트너로 보는 사람에게 어떤 곳을 운영하게 해야 한다. 그래서 버크셔 해서웨이에서는 주주들을 사실상의 파트너로 본다.

〈하아레츠〉, 2011년 3월 23일

버크셔가 소유한 기업들을 감독하기

우리는 버크셔가 위원회들과 예산 프레젠테이션budget presentation과 많은 관리 계층들로 넘쳐나는 어떤 거대한 단일 조직이 되게 절대 내버려두지 않을 생각이다. 대신에 의사 결정 대부분이 관리자 차원에서 이뤄지는, 각기 독자적으로 경영되는 중기업과 대기업들이 모인 집단으로 운영할 계획이다.

버크셔 해서웨이 주주들에게 보내는 편지, 2010년 2월

기업들을 계속 보유하기

나는 파는 걸 좋아하지 않는다. 우리는 모든 기업을 영원히 보유하겠다는 생각으로 산다. 버크셔에서 나와 함께 했으면 하는 건 이런 주주들이다. 나는 절대 주식에 대해 목표 가격이나 목표 보유기간을 가져본 적이 없다. 그래서 거의 어떤 상황에서라도 우리가 가진 전액 출자 회사를 파는 건 극도로 꺼린다.

《비즈니스위크》, 1999년 7월 5일

평균 이하의 실적을 내는 기업을 파는 것

값이 얼마든 버크셔가 소유한 어떤 우량 기업도 매각할 생각은 전혀 없다. 또 평균 이하의 실적을 내는 기업일지라도 매각은 내키지 않는다. 그런 기업들이 최소한 얼마라도 돈을 벌 거라 예상되는 한, 또 그곳의 노사관계에 만족하는 한 말이다. 진 러미Gin rummy* 식 경영 태도, 즉 가장 유망하지 않은 기업을 차례로 버리는 건 우리 스타일이 아니다. 우리는 그런 행동을 하느니, 종합적인 성과가 조금 떨어지게 내버려두겠다.

《주식 말고 기업을 사라》, 1997년

출구 전략 없음

LBO(leveraged buyout)** 운용자 및 사모펀드와 달리, 우리에겐 '출구' 전략이 없다. 우리는 계속 보유하기 위해 산다. 이게 바로 매각인과 경영자들에게 보통 첫 번째, 때로는 유일한 선택이 버크셔가 되는 이유다.

버크셔 해서웨이 주주들에게 보내는 편지, 2003년 2월

---

* 카드 10장을 갖고 시작해서, 새로운 카드나 상대가 버린 카드 한 장을 취한 후, 자기에게 필요 없는 카드를 한 장 버리는 일을 상대와 번갈아 가며 반복해서 동일 무늬 또는 숫자로 짝을 맞춰, 남는 카드를 최대한 줄이는 카드 게임.
** 차입금에 의한 기업 인수.

버크셔의 회중(會衆)

내가 교회를 갖고 있는 목사라면 회중의 절반이 일요일마다 사라질 때 이렇게 말하진 않을 것이다. "와, 우리 신도들에게 이런 유동성이 존재한다니 정말 멋집니다. 끝내주는 회전률이네요." 나라면 모든 자리가 일요일마다 같은 사람들로 채워지는 교회를 원하겠다. 우리는 우리가 산 기업들을 이런 관점에서 본다. 정말 기꺼운 마음으로 사실상 영원히 소유할 무언가를 사길 원한다.

플로리다 대학교 세미나, 1998년 10월 15일

버크셔 이사들에게 주는 급여

버크셔에서는 우리 보수가 이사들에게 무의미하길 바라는 터라 쥐꼬리만 한 급여만 준다. 아울러 우리에게 닥칠지도 모르는 기업적 재난 상황에서 이사들만 다치지 않고 빠져나가게 하고 싶지 않기 때문에 임원 배상 책임 보험***도 제공하지 않는다. 이런 이례적인 조치로 그리 우연은 아니겠지만 우리 주주들은 수년 간 수백만 달러를 손해 보지 않아도 됐다. 우리는 기본적으로 중역들이 자기가 받을 보상이 아니라, 자기 가족의 순자산에 미칠 영향을 근거로 매사 행동해주었으면 한다.

버크셔 해서웨이 주주들에게 보내는 편지, 2003년 2월

*** 이사나 경영진이 업무 수행 과정에서 저지른 잘못으로 인한 법률적 배상 책임과 방어 비용을 담보해주는 것.

제도적 실패와 경영자 보상

언제나 대마불사大馬不死인 조직들은 존재할 것이다. 그러나 그런 기관들도 때로는 향후 100년 안에 실패를 겪을 순간이 있을 것이다. 그러나 최고위직에 있는 사람과 그를 선택하고 고용 조건을 정하는 이사회가 실패로 잃을 게 많다면 실패 횟수는 줄어들 것이다.

금융 위기 조사위원회 발언, 2010년 5월 26일

부풀리는 CEO들

사업에 종사할 때 여러분이 3할 2푼을 치는 사람인지 아닌지를 아는 사람은 아무도 없다. 그래서 모두들 자기는 3할 2푼을 치는 타자라고 말하고 다닌다. 그러다 보니 이사회는 3할 2푼을 치는 타자를 구했다고 말해야 한다. 2할 5푼을 치는 타자를 뽑은 데 대한 책임을 지고 싶지 않기 때문이다.

금융 위기 조사위원회 발언, 2010년 5월 26일

좋은 이사의 자질

최근 '독립이사independent director'*에 대한 요구가 거세다. 독립적으로 생각하고 발언하는 이사들이 있는 게 바람직한 거야 물론 사실이다. 그러나 이들은 사업 감각도 있어야 하고, 열의도 있어야 하며, 주주 중심적이기도 해야 한다. 이게 바로 1993년에 내가 한 방송 해설에서 지극히 중요하다고 든 세 가지 자질이었다.

40년이라는 기간 동안 나는 버크셔를 포함한 19개 상장기업의 이사로 있었고, 대충 250명은 됐을 이사들과 교류했다. 그들 대부분은 현재 기준에서 정의하는 그런 '독립' 이사라 할 만한 사람들이었다. 그러나 이런 이사들 대다수는 내가 중시하는 세 가지 자질 중 최소한 한 가지가 부족했다. 그 결과, 이들이 주주들의 안녕에 기여한 건 잘해야 미미한 수준이었고, 마이너스일 때가 너무 많았다. 이런 사람들은 품위 있고 지적이긴 했지만 일에 대해 절대 충분히 알고 있지 못했고, 주주들에게 충분한 관심을 기울여 어리석은 인수 건이나 터무니없는 보상에 이의를 제기하도록 하지 못했거나, 둘 중 하나를 하지 못했다.

버크셔 해서웨이 주주들에게 보내는 편지, 2003년 2월

---

* 사외 이사(outside director)나 비상임 이사(non-executive director)라고도 부른다. 경영진 및 대주주에 속하지 않는 이사를 가리킨다.

이사를 고르지 않는 법

이사 후보자를 구하는 컨설턴트와 CEO들은 "우리는 여성을 찾고 있어요."나 "히스패닉을 찾고 있어요."나 뭐 그런 종류의 말을 할 때가 자주 있다. 노아의 방주를 채우는 게 그들 임무인 것처럼 들릴 때도 있을 정도다. 수년 간 나는 이사 후보자들에 대해 여러 번 질문을 받은 적이 있지만 아직까지 어느 누구에게서도 "그 사람은 현명한 소유주처럼 생각하나요?"라는 질문은 들은 적이 없다.

버크셔 해서웨이 주주들에게 보내는 편지, 2007년 2월

CEO들에게 주는 과한 보수

거대 기업에서 '진정' 특출한 CEO에게 과한 보수를 주지 않기란 힘들다. 그러나 이런 CEO는 아주 드물다. 미국에서 경영자에게 주는 보수가 실적과 터무니없을 정도로 일치하지 않는 경우가 너무나 흔하다. 더욱이 이런 관행은 변하지 않을 것이다. CEO 급여 문제에서는 애초에 투자자들이 불리하게 판이 짜여 있기 때문이다.

결론적으로, 평범하거나 형편없는 CEO가, 손수 발탁한 인사 담당 부사장과 래칫, 래칫 앤 빙고 Ratchet, Ratchet and Bingo* 같은 이름을 가진, 언제나 입안의 혀처럼 구는 법인에서 나온 컨설턴트의 도움을 받아, 부적절하게 설계된 보상 방식으로 많은 돈을 받는 일이 너무 흔하다는 거다.

버크셔 해서웨이 주주들에게 보내는 편지, 2006년 2월

CEO에 대한 성과급

나는 버크셔가 소유한 기업 70여 곳에 대한 보상 심의 위원이다. 이건 고도의 지능이 필요한 일이 아니다. 우리는 일부 CEO들에게 많은 돈을 주지만 어디까지나 성과급이다. 그들이 큰돈을 받는다면 그건 실적에 따른 것이다. 따라서 우리는 사람마다 다른 급여 책정을 하고 있다. 하지만 우리는 보상 컨설턴트를 고용한 적이 한 번도 없다. 앞으로도 절대 그러지 않을 생각이다. 이런 사람들에게 얼마를 보상해야 하는지 계산하지 못할 만큼 충분히 아는 게 없다면 누군가 다른 사람이 내 자리에 앉는 게 맞을 것이다.

금융 위기 조사위원회 발언, 2010년 5월 26일

* 'rachet'은 '단계적으로 인상시킨다.'는 뜻이고, 'bingo'는 '좋았어.'라는 감탄사로, 보통 유명 회계법인 이름의 일반적인 형태를 빌어 이들의 행태를 비꼬고 있음.

CEO 교체

점잖은 사람들로 구성된 이사회에서 CEO를 교체해야 할지 말지에 대한 질문을 제기한다는 건 거의 불가능한 일이다. CEO가 찬성하는 인수 제안에 이의를 제기하는 것도 마찬가지로 거북한 일이다. 특히 CEO 편에 선 사내 간부와 사외 고문들이 출석해서 만장일치로 그가 내린 결정을 지지하는 경우에는 말이다. 그러지 않을 거라면 그들은 회의실에 아예 나타나질 않을 것이다. 결국 고임금을 받는 컨설턴트의 지원으로 언제나처럼 무장한 보상 위원회가 CEO에게 주는 대규모 옵션에 대해 보고할 때, 어떤 이사가 위원회에 재고해줄 것을 건의한다는 건 저녁 식사 자리에서 트림을 하는 거나 마찬가지일 것이다.

버크셔 해서웨이 주주들에게 보내는 편지, 2003년 2월

CEO와 부정적 강화(negative reinforcement)

더 나은 사회를 위해서라는 이유로 연방정부에게 구제를 받아야만 하는 조직의 수장은 더 많은 손해를 보아야만 한다. 그런데 우리는 아직까진 최고위직 CEO들에게 보상을 하는 데 채찍보다는 당근에 더 익숙했다. 하지만 내 생각에는 채찍이 더 많이 필요하다.

컬럼비아 대학교, 2009년 11월 12일

CEO가 받는 특전

그저 그런 실적에 천문학적 규모의 보상을 받아온 CEO들에 대한 기사는 많이 나왔다. 그보다 훨씬 덜 알려진 게 바로 미국 CEO들이 일반적으로 유복한 인생을 산다는 사실이다. 이들 다수는 남달리 유능한 데다, 거의 모두가 일주일에 40시간을 훌쩍 넘게 일한다. 그러나 그들은 보통 그러는 과정에서 왕족 같은 대우를 받는다. 또 우리는 버크셔에서 분명 그런 방식을 계속 고수할 것이다. 찰리는 여전히 소박하고 경건한 삶을 선호하지만 나는 응석받이가 되는 게 더 좋다. 버크셔는 더 팸퍼드 셰프The Pampered Chef*를 소유하고 있다. 그래선지 훌륭한 우리 그룹은 나를 더 팸퍼드 치프The Pampered Chief, 즉 응석받이 최고경영자로 만들었다.

버크셔 해서웨이 주주들에게 보내는 편지, 2007년 2월

* 미국 주방기구 기업. 직역하면 응석받이 주방장.

시시한 실적에 엄청난 퇴직금, 호사스러운 특전, 터무니없이 많은 급여를 제공하는 경우가 자주 있다. 보상 위원회가 비교 자료comparative data의 노예가 되었기 때문이다. 과정은 단순하다. 이사회가 열리기 전, '무작위로 선택된 게 아닌' 세 명 정도의 이사들이 끊임없이 오르고 있는 급여 통계자료 세례를 당한다. 거기다 이 위원회는 다른 경영자들이 받고 있는 새로운 특전들에 대한 이야기도 듣는다. 이런 과정을 거쳐 별별 희한한 선물이 CEO들에게 쏟아진다. 우리가 어렸을 때 다들 써 먹었던 다음과 같은 주장을 기업 버전으로 살짝 바꾸기만 한 덕분에 말이다. "하지만 엄마, 다른 애들은 다 이걸 갖고 있단 말이에요." 보상 위원회가 이런 "논리"를 따르게 되면 어제까지만 해도 너무나 어처구니없이 과도한 보상이던 게 오늘은 기본적인 보상이 된다.

<small>버크셔 해서웨이 주주들에게 보내는 편지, 2006년 2월</small>

소유주처럼 사고하는 경영자들

자기가 그 기업을 내게 팔았다는 걸 잊어버리고 소유주인 것처럼 운영하는 사람들을 좋아한다. 내가 그들의 딸과 결혼하더라도 딸은 계속 자기 부모와 지내는 셈이다.

<small>〈월 스트리트 저널〉, 1977년 3월 31일</small>

우리는 몇 안 되는 규칙을 가지고 사업을 한다. 경영자들이 따라야 하는 규칙은 기본적으로 소유주처럼 생각하라는 것뿐이다. 그들이 자기 사업체를 소유하고 있는 것처럼 생각했으면 한다. 심리적으로는 버크셔 해서웨이라는 곳이 존재한다는 생각조차 하지 않길 바란다.

노틀담 대학교 학부생 대상 강연, 1991년 봄

버크셔의 경영자들

38년 동안 어떤 우리 자회사 CEO도 버크셔를 떠나 다른 어디서 일한 적이 없다. 찰리를 포함해서 현재 75세를 넘는 경영자가 여섯이다. 그렇지만 4년 안에 이 수가 최소한 두 명은 더 늘어나길 바란다. 밥 쇼Bob Shaw와 나는 둘 다 72세다. 우리는 늘 이렇게 합리화하곤 한다. "늙은 개에게 새로운 재주를 가르치기는 어렵다."

버크셔 해서웨이 주주들에게 보내는 편지, 2003년 2월

승자들을 경영하기

내 경영 모델은 배트보이였던 에디 베넷Eddie Bennett이다. 1919년에 19살이었던 에디는 시카고 화이트 삭스에서 일을 시작했다. 그해에 시카고 화이트 삭스는 월드 시리즈에 진출했다. 다음 해에 에디는 브루클린 다저스로 옮겼다. 브루클린 다저스도 리그 우승을 차지했다. 그러나 우리의 영웅은 문제가 생길 거라는 낌새를 챘다. 에디는 시市를 바꿔 1921년에 양키즈에 들어갔다. 양키즈는 곧 역사상 최초의 우승을 일궈냈다. 이제 에디는 현명하게 앞날을 내다보고 정착했다. 이후 7년 간 양키즈는 다섯 차례 아메리칸 리그에서 우승했다. 이게 경영과 무슨 관계가 있냐고? 간단하다. 승자가 되려면 승자들과 함께 일하라.

>버크셔 해서웨이 주주들에게 보내는 편지, 2003년

재주 좋은 사람들을 쓰기

내가 모든 것에 재주가 좋을 필요는 없다. 그러니 아내가 출산을 할 때 내가 아기를 받진 않은 거 아니겠나. 그러니 나보다 재주가 좋은 사람들을 쓰는 게 옳다고 생각한다.

>《포브스》 인도, 2011년 4월 20일

원가 의식(Cost-Consciousness)

버크셔에서는 원가 의식을 중시한다. 우리는 지역 신문사에 가서 부고를 신청한 한 과부를 모델로 삼고 있다. 한 단어당 25센트라는 말을 들은 이 과부는 "프레드 브라운 사망Fred Brown died"이라 실어달라고 했다. 그러자 최소한 일곱 단어여야 한다는 말이 돌아왔다. 과부는 알겠다면서, "'프레드 브라운 사망, 골프 클럽 팔려고 내놓음Fred Brown died, golf clubs for sale'이라고 써 주세요."라고 대답했다.

버크셔 해서웨이 주주들에게 보내는 편지, 2003년 2월

비용 절감

어떤 회사가 비용 절감 프로그램에 착수했다는 소식을 접할 때마다 나는 그곳이 비용이란 게 뭔지를 제대로 알고 있는 회사는 아니라 판단한다. 스퍼트를 올리는 건 이 분야에서는 효과가 없다. 정말로 훌륭한 경영자는 아침에 일어나 이렇게 말하지 않는다. '오늘이 비용을 절감할 바로 그 날이야.' 아침에 일어나 숨쉬기를 실천하자고 결심하지 않듯이 말이다.

《포춘》, 1988년 4월 11일

직원 관리

임원 한 명에게 정확히 몇 명이나 되는 사람들이 보고를 해야 하는지를 명시한 관리 규약들을 읽은 적이 있다. 우리로선 도통 이해가 가질 않는다. 훌륭한 인품을 가진 유능한 관리자들에게 그들이 열정을 가진 기업을 운영하게 하면 십여 명 이상에게서 보고를 받으면서도 낮잠을 잘 여유를 가질 수 있다. 반대로 여러분에게 보고하는 사람이 단 한 명일지라도 그 사람이 사기꾼이거나 덜 떨어졌거나 열의가 없다면 도저히 감당할 수 없을 정도로 많은 일을 스스로 떠맡아야 할 것이다. 찰리와 나는 지금 있는 경영자들이 갖추고 있는 보기 드문 자질만 있다면 두 배 더 많은 경영자들과도 일할 수 있을 것이다.

《주식 말고 기업을 사라》, 1997년

경영자들이 경영하게 내버려 두기

보통 우리가 고용한 경영자들은 우리가 산 회사와 함께 온 이들로, 경력 내내 매우 다양한 경영 환경들에 걸쳐 일관되게 자기 능력을 증명해 보인 사람들이었다. 그들은 우리와 만나기 훨씬 이전부터 스타 경영자였다. 그렇기 때문에 우리가 한 가장 큰 기여라면 그들에게 방해가 되지 않는 것뿐이었다. 이런 접근방식은 기본적인 게 아닌가 싶다. 즉 내가 골프팀을 관리하는데 잭 니클라우스나 아놀드 파머가 기꺼이 우리 팀에서 뛰어주겠다고 한다면 두 사람 모두 내게 스윙하는 법을 배울 일은 없지 않겠는가.

《주식 말고 기업을 사라》, 1997년

매우 존경하는 위대한 회사 경영자들이 많다. 당장 떠오르는 이름들로, 아메리칸 익스프레스의 켄 체놀트Ken Chenault, G.E의 제프 임멜트Jeff Immelt, 웰스 파고의 딕 코바세비치Dick Kovacevich가 있다. 그러나 내가 그들이 하는 경영 업무를 해낼 수 있을 것 같진 않다. 내가 그런 지위에 수반되는 많은 직분을 즐기지 못할 거라는 걸 나는 잘 안다. 회의, 연설, 해외출장, 자선행사, 정부와의 관계 말이다. 내가 보기에 로널드 레이건이 옳았다. "열심히 일한다고 죽는 사람은 없다는 말은 아마 사실일 것이다. 하지만 뭐 하러 굳이 그런 위험을 무릅쓰겠는가?"

버크셔 해서웨이 주주들에게 보내는 편지, 2007년 2월 28일

경영자들의 평판

평판이 우수한 경영자가 평판이 나쁜 자본 조건을 가진 사업체를 어쩌다 맡는다면 결국에 남는 건 그 사업체가 가진 평판뿐이다.

CNBC, 2010년 10월 18일

사업가 제이 지(Jay-Z)

제이 지가 진정한 사업가다. 나는 그런 척하고 있을 뿐이다.

〈뉴욕 타임스〉, 2011년 10월 18일

고용

우리는 세금우대 혜택을 받는다거나, 정부에 있는 누군가가 그러라 한다고 해서 고용을 하진 않는다. 우리가 만들고 있거나 진행하거나 팔고 있는 것에 대한 수요가 더 많아질 때 고용한다. 그 정도로 간단하다.

CNN, 2010년 10월 19일

일을 즐기는 것

나는 내가 즐기는 걸 만들어왔다. 사업을 시작하고 회사를 세울 때, 완성해 가는 게 즐거운 뭔가를 만들지 않는다는 건 좀 미친 짓인 것 같다. 그림을 그리는 거나 비슷하다. 완성해 가는 게 즐거울 뭔가를 그려야 하지 않겠는가 말이다.

네브래스카 링컨 대학교 학생들과의 세미나, 1994년 10월 10일

5 미국의 정책 및 정치

미국을 믿기

1776년 이래로 미국을 믿지 않는 건 언제나 실수였다. 알겠지만 우리는 때때로 큰 좌절을 맛본다. 그러나 이 나라는 언제나 이겨낸다. 그러니 우리가 힘을 모은다면 길을 비켜라. 우리가 간다. 이런 순간들에 특히 그걸 알게 된다. 물론 9.11 이후에도 알게 되었고 말이다. 그렇지만 나는 이 나라가 무엇이든 해낼 수 있다는 엄청난 신뢰를 갖지 않은 적이 없다. 경제에서든, 사람들을 해방시키는 것에서든 뭐든지 간에 말이다.

CNBC, 2011년 5월 2일

경기 회복

내 생각에 이렇게 지속적인 회복을 가능하게 한 중요한 요인은 이전에는 누구도 생각하지 못했던 신제품을 내놓는 이 세상의 스티브 잡스들인 것 같다. 그리고 앞서 사람들이 해냈던 일을 하면서, 그런 것들을 더 효율적으로 할 방법을 생각해내려 노력하는 수백만 명의 미국인들도 말이다. 자본주의는 성공적이다. 더구나 내가 보기에 우리는 그 성공을 목격하고 있다.

CNBC, 2011년 5월 2일

가이코는 70년대 중반에 문제를 겪었다. 아메리칸 익스프레스는 60년대 중반에 문제를 겪었다. 가이코와 아메리칸 익스프레스는 내가 해본 가장 성공적인 투자들 중 두 가지다. 그러니 50년이나 10년 후를 내다보아야 했다. 말이 난 김에 말이지만 경기景氣에는 이렇게 대처해야만 한다. 시간이 지나 미국은 호경기를 맞보고 있다. 그러니 미국은 회복될 것이다. 가이코가 회복됐고, 아메리칸 익스프레스가 회복됐듯이 말이다.

〈찰리 로즈〉, 2011년 9월 30일

1930년 이후의 미국

나는 1930년 8월에 태어났다. 자, 내게 램프의 요정이 나타나, "향후 2년 안에 다우존스 지수가 180에서 40으로 떨어질 거고, 은행 4천 곳이 문을 닫을 거야. 네가 사는 네브래스카에는 황진지대黃塵地帶*가 생겨서 농산물 가격이 천정부지로 뛸 거고, 더구나 또 다시 10년 안에 한동안 전쟁에서 늘 이기기만 할 것 같은 적에게 기습 공격을 당할 테고, 우리는 핵폭탄을 보유하게 될 거야."라고 했다면 과연 세상에 나오려 했을지 잘 모르겠다. 그렇지만 미국에서는 내가 태어난 지 80년 만에 보통 사람들이 평균 여섯 배 더 잘 살게 됐다. 이 나라가 이룬 성취는 믿을 수 없을 정도다. 그리고 우리는 그 마법의 묘약을 잃어버린 적이 없다. 오히려 우리는 현재 그 어느 때보다도 더 많은 기회를 누리고 있다.

CNBC, 2011년 7월 7일

* dust bowl. 모래폭풍이 심하게 부는 건조지대.

나는 여든 살이다. 내가 태어난 이래 80년 만에 미국인의
실질적인 평균 생활수준은 1인당 6배가 높아졌다. 1인당 6배나
말이다! 중세를 되돌아 봤을 때 몇 세기 동안 1퍼센트라도
높아진 시기를 찾는다면 운이 좋은 거다. 1930년에 내가 엄마
뱃속에서 나왔을 때, 우리는 대공황을 맞닥뜨렸고, 우리가 질
것 같아 보이는 세계대전을 맞닥뜨렸다. 그러나 이 시스템은
성공적이다. 인간이 가진 잠재력을 발휘시킨다.

〈하아레츠〉, 2011년 3월 23일

미국은 문제를 해결한다

19세기를 뒤돌아보면 우리는 엄청난 금융 공황을 7번이나
겪었다. 20세기를 되돌아보면 대공황과 세계대전과 유행성
독감을 경험했다. 이 나라는 문제를 회피하지 않는다. 문제를
해결해버릴 뿐이다.

컬럼비아 대학교, 2009년 11월 12일

경제 전망

경제 전망에 대한 기사는 읽지 않는다. 난 신문 만화란은 읽지
않는다.

《비즈니스위크》, 1999년 7월 5일

우리는 어떤 거시적인 예감 때문에 기업을 사거나 사지 않은
적이 없다. 우리는 금리나 사업 같은 것에 대한 예측 기사를
읽지 않는다. 소용없기 때문이다. 1972년에 우리가 시즈 캔디를
샀을 때를 예를 들어보자. 나는 아마도 닉슨이 좀 더 늦게
물가 통제를 단행했을거라 생각한다. 우리가 그걸 예상했다고
해보자. 근데 그게 뭐 어쨌다는 건가? 우리는 현재 세전稅錢 이익
6천만 달러를 벌어주는 뭔가를 2천5백만 달러에 살 수 있는
기회를 놓쳤을 것이다. 우리는 무언가 현명한 일을 할 기회를
어차피 우리가 잘 하지도 못하는 뭔가에 대한 예측 때문에
놓치고 싶지는 않다.

플로리다 대학교 세미나, 1998년 10월 15일

세계 무역

미국에나 다른 나라들에나, 국가 간 무역을 증대시킨다는
구상에 반대하는 집단이 있을 것이다. 나는 정확히 그 반대
진영에 속해 있어서, 교역을 더 많이 할수록 더 번영하게 될
거라 믿는 쪽이다. 다양한 나라들은 다양한 장점들을 갖고
있으며, 어떤 나라도 모든 걸 자기들 혼자 힘으로 할 수는 없다.
세계 무역이 확대될수록 전 세계 사람들은 더 나은 삶을 살게 될
것이다.

《포브스》 인도, 2011년 4월 20일

일자리 창출

나는 사람들이 "이게 일자리를 창출할 거야", "내가 햄버거 노점을 열면 일자리가 창출 되겠지"와 같은 말을 할 때 매우 의심스럽다. 다소 부정확한 과장된 표현이 많이 존재한다. 일자리 2만 개를 창출하기 위해 진짜 심각하게 환경을 훼손할 의향만 있다면 2만 명을 시켜 내 무덤을 짓는 일에 돌입하게 하면 된다.

CNBC, 2011년 11월 14일

인플레이션

인플레이션은 누군가 오래 전에 말했듯이, 백만 명 중 오직 한 사람만이 진정으로 이해하고 있는 눈에 보이지 않는 세금이다. 인플레이션은 자기가 쓰는 통화를 신뢰하는 사람들에게 매긴 세금이다. 통화는 정부가 발행했고 말이다. 인플레이션에 대비해서 가장 좋은 투자는 자기가 가진 수익 능력earning power, 즉 스스로가 가진 재능을 향상시키는 것이다. 극소수만이 자기가 가진 재능을 극대화시킨다. 자기가 가진 재능을 증진시킨다면 정부는 그것에 세금을 매길 수도 없고, 빼앗아갈 수도 없다.

《포브스》 인도, 2011년 4월 20일

인플레이션에 대한 걱정이 들 때마다 내가 태어난 이래 달러
지폐의 94퍼센트가 어떻게 휴지조각이 되었는지에 대해
생각한다. 그래도 나는 상당히 잘 해왔던 것 같다. 따라서
인플레이션이 모든 걸 깡그리 파괴해버릴 수는 없다.

〈하아레츠〉, 2011년 3월 23일

2008년 금융 위기

사람들은 영화를 보고 있었고, 이 영화가 해피엔딩이라
생각했다. 그런데 화면에 등장하는 사건들이 갑자기 뭔가 다른
이야기를 하기 시작했다. 또 관객들은 저마다 아마도 다른 시간,
다른 날, 다른 주에 그 사실을 알게 되었을 것이다. 그런데 어느
시점에 거품이 터져버렸다.

금융 위기 조사위원회 발언, 2010년 5월 26일

은행, 의회, 행정부, 연방주택금융저당회사Freddie Mac와 연방저당권협회Fannie Mae, 언론을 포함한 미국인들 모두가 주택 값은 폭락할 수 없다는 의견에 찬동했다. 이건 집단적 망상이었고, 일단 받아들여진 후에는 온갖 단체와 금융기관들로 퍼져나갔다. 이런 종목들의 상호의존성은 일단 이런 망상이 폭로되자, 즉 그게 벌거벗은 임금님이었다는 게 일순간에 명백해지자 경제를 쓰나미 같은 충격과 속도로 휩쓸어버렸다. 시장의 이런 대규모 상호의존성 때문에 이전엔 가능하리라 생각해본 적도 없는 온갖 일이 일어났다.

〈하아레츠〉, 2011년 3월 23일

이게 우리가 한 번도 본 적이 없는 무언가라는 게 실로 분명해진 게 2008년 9월이었다. 내가 CNBC에서 이건 경제적 진주만 공습이라고 말했던 때다. 즉 내가 석 달 전에 그런 일이 있을 거라는 걸 예상하지 못했다는 얘기다. 석 달 전에 진주만 공습을 예상하지 못했듯이 말이다.

금융 위기 조사위원회 발언, 2010년 5월 26일

금융 위기에 대한 정부 개입

어떤 부정적인 면이 있든 간에, 작년에 금융 시스템이 완전히 붕괴되는 걸 막기 위해 정부가 강력하고 즉각적인 조치를 취하는 건 필수적이었다. 그런 일이 일어났더라면 우리 경제 모든 부문에 실로 가공할 만한 결과를 가져왔을 것이다. 좋든 싫든, 월 스트리트 사람들과 미국 중산층과 여러 서민층은 모두 같은 배를 타고 있었다.

버크셔 해서웨이 주주들에게 보내는 편지, 2009년 2월

정부만이 모든 걸 구할 수 있었을 것이다. 전 세계가 디레버리지deleverage*를 원했다. 그리고 그들은 극도로 긴급을 요하는, 때로는 머리에 총을 들이댄 것과 같은 위험한 상황에서 디레버리지를 하려 했다. 그런데 다른 모두가 디레버리지를 원하긴 했어도 레버리지를 촉진시킬 능력이 있었던 유일한 존재는 연방 정부뿐이었다.

컬럼비아 대학교, 2009년 11월 12일

---

* 차입을 줄이고 주식 매각을 통해서 경영 상태를 호전시키는 것.

버냉키와 폴슨Paulson**과 부시 대통령, 오바마 대통령과 팀 가이트너Tim Geithner***가 갖은 애를 쓴 덕분에, 완전히 엉망진창이 될 수도 있었던 상황에서 빠져나올 수 있었던 데 감사해야 한다. 정말 난장판인 상황이었다. 그러나 그런 혼돈 상황에서 우리는 올바르게 대처했고, 올바른 일을 했던 정부가 있었다. 일찍이 정부가 잘못된 일을 했었는지도 모른다. 또한 완벽하게 해내진 못 했을지도 모른다. 그러나 나는 그들의 공로를 매우 높이 사며, 이 나라의 앞날은 창창하리라고 장담한다.

CNBC, 2011년 11월 14일

뱅크 오브 아메리카와 금융 위기

뱅크 오브 아메리카의 CEO인 켄 루이스Ken Lewis가 일요일에 메릴 린치를 인수하지 않았더라면 시스템이 멈췄을 거라 생각한다. 알고 보니 그가 바로 시스템을 구한 사람이었다.

금융 위기 조사위원회 발언, 2010년 5월 26일

** 부시 행정부 당시 재무 장관.
*** 오바마 행정부 당시 재무 장관.

금융 위기 때의 기회

유행병 같은 게 창궐하는 시기에 장의사가 하는 말처럼 들리진 않았으면 하지만, 2008년 작년 가을은 내게는 정말 굉장히 흥미진진한 시기였다. 누구도 이런 고통을 겪길 바라진 않는다. 그러나 그런 위기가 가져온 게 있었다. 1년이나 2년 전에는 없었던 것들을 우리가 할 수 있는 기회들이 생겼다.

컬럼비아 대학교, 2009년 11월 12일

신용의 중요성

신용은 산소와 같다. 둘 다 충분히 있을 때는 눈에 띄지 않는 존재다. 둘 다 없을 때는 가장 눈에 띄는 존재가 된다. 신용을 잠깐만 잃어도 회사는 무너질 수 있다.

버크셔 해서웨이 주주들에게 보내는 편지, 2011년 2월

금융 시스템에서의 사기 행위

대출자들이 자행하는 사기가 있었고, 때로는 중개인이 자행하는 사기도 있었다. 그러나 사기가 없어야 존재할 수 있는 시스템은 되지 말아야 한다. 사기는 언제나 우리와 함께할 테니까 말이다.

금융 위기 조사위원회 발언, 2010년 5월 26일

금융 위기 후에 대출해주는 것

우리는 바에서 술을 마시고 있었다. 왔던 길을 되돌아가고 싶은 건지는 모르겠지만 숙취에서만은 반드시 벗어나야 한다.

〈찰리 로즈〉, 2011년 9월 30일

미국의 재정 적자 및 무역 적자

우리는 GDP의 25퍼센트를 써서 향후 10년간 GDP를 15퍼센트 높이려고 하진 않을 것이다. 어쨌든 그렇게 되긴 할 것이지만 이 나라 국민 모두가 다른 누군가에게 그 대가를 치르게 하는 방법을 알아내려 애쓰고 있다. 그러나 그들 중 일부는 다른 사람들보다 그런 싸움을 할 준비가 더 잘 되어 있다. 바로 걱정을 하면서 로비스트들을 고용하는 돈 가진 사람들이다.

CNBC, 2011년 11월 14일

심슨-보울스 안(The Simpson-Bowles Plan)

나는 심슨보울스 안*에 벌어진 일이 완벽한 비극이었다고 생각한다. 즉 매우 훌륭한 사람이 두 명 있고, 둘은 정부관이 다소 다르다. 그러나 그들은 똑똑한 사람들이고, 품위 있는 사람들이고, 유머 감각이 뛰어난 사람들이기도 하다. 다른 사람들과 협력해서 일하는 데 능한 사람들이기도 하다. 열 달쯤 되는 기간 동안 그들은 죽자 사자 일한다. 타협에 이른다. 더빈Durbin**과 코번Coburn***처럼 서로 평행선을 달리는 사람들을 데려와 협정에 서명하게 하고, 그런 다음 완벽하게 무시당하고 만다. 내 눈에 이건 비극이다.

CNBC, 2011년 11월 14일

---

*　공화당 의원인 심슨과 대통령 비서실장을 지낸 보울스가 제안한 연방 정부 재정 적자 감축안.
**　딕 더빈. 일리노이 주 민주당 상원의원.
***　톰 코번. 오클라호마 주 공화당 상원의원.

국가 부채

국가 부채에서 중요한 건 대외적으로 돈을 얼마나 빚지고 있는지에 있다. 국가 부채는 대체로 국내에서 지게 되지만 무역 적자가 지속됨에 따라 상황이 달라지고 있다. 따라서 무역 적자는 현재 생활만큼이나 기본적으로 생존에 위협이 되고 있다. 우리는 매일 기본적으로 국가라는 농장을 조금씩 떼어 매각하고 있는 셈이다. 대내적 소비를 위한 자금을 마련하려고 무역 적자를 보고 있기 때문에 말이다. 우리에겐 아주 크고 비옥한 농장이 있어서, 오랫동안 눈에 띄지 않을 만큼 조금씩 농장을 내다팔 수 있다. 오랜 시간 동안 과식을 하는 것과 매우 비슷하다. 하루 만에는 절대 알아차리지 못한다. 자리에서 갑자기 일어나니 단추가 죄다 튀어 나가고, 사람들이 "세상에, 너무 뚱뚱해 보여."라고 말하진 않는다. 그런 식이 아니다. 어찌 되느냐면, 계속 아주 즐겁게 실컷 먹어대다가, 얼마 후 허리둘레가 장난 아니게 늘어나 있는 걸 알게 되는 것이다. 우리 무역 적자에서 벌어진 게 이런 상황이다. 우리는 나라 밖 세계에 우리에 대한 보관증을 주고 있다. 시간이 지나면 그게 영향을 미치기 시작할 것이다.

노틀담 대학교 학부생 대상 강연, 1991년 봄

부채 한도(Debt Ceiling)를 높이기

우리는 부시 행정부 때 부채 한도를 일곱 번 올렸고, 현 정부에서는 그걸 볼모로 이용하고 있다. 어떤 다른 사안에서 원하는 목적을 달성하려고, 어떤 것을 러시안 룰렛 같은 치명적으로 위험한 상황에 몰아넣어선 안 된다. 우리는 그보다는 철이 들어야 할 필요가 있다.

CNBC, 2011년 7월 7일

미국에서의 민주주의

우리는 여전히 민주주의 국가다. 그러나 내가 살아온 세월 동안 우리는 금권 정치를 향해갔다. 우리는 금권 정치 국가가 아니다. 그 점은 강조하고 싶다. 그러나 부의 분배와 부가 가진 영향력은 그쪽으로 가고 있다.

〈하아레츠〉, 2011년 3월 23일

오사마 빈 라덴의 죽음

좀처럼 납득이 가지 않는 수준의 대량 학살을 벌인 사람이 제거되었다. 히틀러의 경우처럼 말이다. 그러나 다른 사람들에게만이 아니라 이 나라에도 악의를 가질 만한 사람들이 많이 있다. 그런 사람들이 사라지진 않을 것이다. 그렇다면 그들은 계속해서 우리를 해치고, 우리를 분열시킬 방법을 찾을 것이다. 그렇지만 나는 우리 정부가 상당히 훌륭하게 대처해왔다고 생각한다.

CNBC, 2011년 5월 2일

2001년 9월 11일

나는 정말로 우리가 다시 공격을 당할 거라고 생각했다. 다시 공격을 당하지 않았던 이유에 대해서라면, 모든 이유를 알아내진 못할 거라고 생각한다. 그러나 누군가가 올바른 일을 많이 했고, 수 년 동안 두 정권 모두가 그런 일이 생기지 않게 막아주었다. 그러나 전 세계의 너무나 많은 사람들이 우리를 해치려는 마음을 품고 있다. 그리고 그러기 위한 새로운 방법들을 찾고 있다. 그렇기 때문에 우리에게는 항시 경계를 늦추지 않는 정부가 필요하다. 그런데 우리는 그런 정부를 갖고 있다고 생각한다.

CNBC, 2011년 5월 2일

왜 내가 9.11이 일어나기 전에 테러 공격의 위험을 예상하지 못했는지 궁금할지도 모르겠다. 슬프게도, 미리 알았지만 생각을 행동으로 옮기지 못했다고 답해야겠다. 나는 노아의 법칙을 어겼다. 즉 비가 올 거라 예상하는 건 중요치 않고, 방주를 짓는 게 중요하다는 걸 말이다.

버크셔 해서웨이 주주들에게 보내는 편지, 2002년 2월

중국

시간이 지나면 중국과 미국은 대체로 잘 지내게 될 것이다. 우리는 전반적으로 공통된 관심사를 갖고 있다. 양쪽 모두 핵폭탄을 보유하고 있다. 따라서 서로에게 진짜 화를 내기 시작할 생각은 없다. 그렇다면 긴장은 존재할 것이다. 우리는 우리 식으로 게임을 하고 싶어할 테고, 그들은 그들 방식으로 게임을 하고 싶어할 테고, 양쪽 다 어떤 경우에는 양보를 해야만 할 것이다.

CNBC, 2011년 11월 14일

유로 위기

그들은 유로화가 가진 결함이 분명히 드러나고 있는 시점에서 실험을 시도했다. 그들은 17개국을 단일 통화로 묶었지만 문화는 하나로 묶지 못했고, 재정 정책 또한 하나로 묶지 못했다. 그들은 대승적으로 더 하나가 되든지, 아니면 갈라서든지 둘 중 하나를 해야만 한다.

〈찰리 로즈〉, 2011년 9월 30일

버락 오바마

돌이켜보면 오바마는 미국 국민이 장차 다가올 것에 더 잘 대비하게 했어야만 했다. 2009년에 취임했을 때, 그가 무슨 마법의 지팡이 같은 걸 갖고 있었을 리는 없다. 그와 그가 취한 조치에 굉장히 감탄하긴 했다. 그러나 사람들이 모든 걸 6개월이나 8개월이나 10개월 안에 해결하게 될 거라 생각하게 했다는 점에서는 실수를 저질렀다고 볼 수 있다.

〈찰리 로즈〉, 2011년 9월 30일

6 부와 세금

재산

나는 내가 원하는 재산은 모두 갖고 있다. 내게는 더 많은 재산을 소유한 친구들이 많다. 그러나 어떤 경우에 보면 재산이 그들을 소유하고 있다는 느낌이 든다. 그 반대가 아니고 말이다.

CBS 뉴스, 2012년 2월 8일

돈이 가진 확대 능력

여러분을 확대시키는 게 돈이 하는 역할이다. 여러분이 어떤 사람이 되어가고 있든 그렇다. 사람들이 나이가 들어가면 나이도 이런 역할을 한다. 즉, 자기가 가진 좋은 성향과 나쁜 성향을 모두 확대시킨다. 게으름뱅이라면 돈은 대단한 게으름뱅이, 즉 엄청난 게으름뱅이가 될 기회를 준다. 한편 좋은 일을 하고 싶다는 생각을 한다면 돈은 훌륭한 일들을 아주 많이 할 수 있는 힘을 준다.

조지아 공과대학 동창회보, 2003년 겨울

부와 만족감

사람들은 부유해질수록 여기저기 눈을 돌리기 시작하고, 그에 따라 더욱 만족을 못하게 된다. 때로는 더욱 불만에 차기도 한다. 이런 일이 미국에서 벌어지고 있다. 지금 우리는 내가 태어났을 때에 비해 1인당 GDP가 여섯 배나 늘어난 상태다. 실질 국내 총생산이 말이다. 그런데 사람들이 1930년에 그랬던 것보다 지금이 더 행복한지 아니면 불만족스러운지는 모르겠다. 그러나 사람들은 더 좋아지고 있는 것들에는 아주 빠르게 적응하고, 상당히 불만족스러운 더 나빠지고 있는 것들에 대해서는 아주 약간만 적응을 하는 경향이 있다.

CNBC, 2011년 11월 14일

경제 파이를 나누기

부잣집에서도 수입의 대부분을 누가 차지할지를 두고 언쟁을 벌일지 모른다. 그럴 거라 확신한다. 미국은 굉장한 갑부 가족을 가진 셈이다. 나이든 사람들이 더 큰 몫을 원할 것이고, 젊은이들이 더 큰 몫을 원할 것이다. 생산적인 시기를 보내는 사람들은 그렇지 못한 사람들에게 더 적은 몫을 주고 싶어한다. 파이는 모든 사람의 욕망을 채워줄 만큼 절대 크지 않을 것이다.

〈하아레츠〉, 2011년 3월 23일

밀물처럼 밀려드는 부

우리는 밀물이 모든 배를 띄울 것이라는 기대에 차 있었다. 밀물이 띄운 건 요트들뿐이었다.

CBS 뉴스, 2012년 2월 8일

버핏의 부는 어디에서 왔는가

내가 부자가 될 수 있었던 이유는 미국에 살고 있다는 것과 어떤 행운의 유전자들과 복리가 합쳐진 덕분이었다.
 1952년에 결혼할 때, 수지에게 나는 부자가 될 거라고 말했다. 내게 특별한 장점이 있거나 심지어는 근면해서 부자가 됐을 리는 없다. 그저 적시적지에 딱 맞는 재능을 갖고 태어난 덕분이었을 뿐이다.

《포춘》, 2006년 6월 25일

유산

아주 부자라면 자녀들에게 뭐든 하기엔 충분하지만 아무 것도 안 하기엔 부족한 재산을 물려줘야만 한다.

《포춘》, 2006년 6월 25일

수지도 나도 아주 큰돈을 우리 애들에게 물려줘야 한다고
생각해 본 적이 없다. 나는 훌륭한 자식들을 두었다. 그러나
이렇게 주장하고 싶다. 자녀들이 양육되는 방식과 집에서
배우는 것을 포함한 교육 기회라는 측면에서 어떤 식으로든
특권을 누리고 있다면 그들에게 돈을 넘치게 주는 건 옳지도
않고 합리적이지도 않은 거라고 말이다.

그들은 지적 엘리트가 되길 열망하는 사회에서 사실상
압도적으로 유리한 출발선상에 서 있다. 더욱이 어마어마한
재산은 우리가 만들기 위해 노력하는 공평한 경쟁의 장 대신에
불공평한 경쟁의 장을 탄생시키고 말 것이다.

《포춘》, 2006년 6월 25일

부는 미래에 다른 사람들의 활동을 담보로 받은 보관증 한
다발에 불과하다. 이런 부를 여러분은 원하는 방식대로 쓸
수 있다. 현금화하거나 기부하거나 마음대로다. 그러나 부를
대대손손 물려주어, 단지 좋은 부모 밑에서 태어났다는 이유로
수백 명의 후손들이 다른 사람들의 재산을 마음대로 주무를 수
있게 한다는 건 능력중심 사회에 역행하는 발상이다.

《스노볼: 워런 버핏과 인생의 목적 The Snowball: Warren Buffett and the Business of Life》, 2008년

버핏의 행운

우리 모두가 어딘가 무인도에 좌초되어 절대 빠져나갈 수 없는 상황이라면 벼를 가장 많이 수확할 수 있는 사람이 시간이 지나면서 가장 귀중한 존재가 될 것이다. 내가 "나는 자본 배분을 할 수 있어!"라고 말한다고 해보자. 여러분은 별로 신나하지 않을 것이다. 그러니 나는 딱 맞는 곳에 태어난 거라 하겠다.

플로리다 대학교 세미나, 1998년 10월 15일

나는 자본을 배분하는 능력이 정말로 중요한 적시적지에 태어났다. 나는 이 사회에 적합한 존재다. 나는 난소 복권에 당첨됐다. 이렇게 쓰인 공이 굴러 나온 셈이니 말이다. '자본 배분하는 사람, 미국'

《비즈니스위크》, 1999년 7월 5일

이곳에 태어나다니 운이 좋았다. 나는 부모 운이 좋았다. 만사에 운이 좋았고, 시장 경제가 나 같은 사람에게 엄청난 이득을 가져다주는 성격을 타고났으니 운이 좋았다. 틀림없이 나만큼 훌륭한 시민인 다른 누군가는 그만한 성공을 거두지 못한다. 보이 스카우트 단을 이끌고 주일학교 같은 데서 아이들을 가르치고 나무랄 데 없는 가족을 부양하는 사람들 말이다. 그러나 어쩌다 보니 나 같은 성격을 타고나질 못한 것뿐이다.

플로리다 대학교 세미나, 1998년 10월 15일

부자들의 세율

포브스가 선정한 400대 부자에 들어간 누구라도, 포브스가 선정한 400대 부자의 평균 세율이 자기 접수 담당자의 평균보다도 적을 거란 말에 이의를 제기하지 않을 거라는 데 백만 달러를 걸겠다. 그들에게 수신자 요금부담 전화번호를 줄 테니 내게 전화를 하라고 해도 좋다. 그래서 어디든 내기에서 이긴 사람이 지정하는 자선단체에 백만 달러를 기부하도록 하겠다.

   NBC 저녁 뉴스, 2007년 10월 30일

미국에서는 세입의 40퍼센트가 원천 소득세payroll tax에서 나온다. 40퍼센트가 말이다. 내가 고용한 청소부는 원천 징수를 당하고 있다. 우리 청소부가 내는 원천 징수세는 고용주가 지불하는 몫까지 셈하면 내가 내는 양도소득세보다도 높다. 이 말은 내가 무슨 흰머리 독수리*나 되는 것 같은 대우를 받고 있다는 뜻이다. 무슨 수를 써서라도 보호해야만 하는 그런 존재 말이다.

   CNBC, 2011년 7월 7일

*   미국의 멸종 위기 동물.

헤지펀드 운용자가 내는 세금

헤지펀드 운용자들은 자기네가 열심히 일하며, 그렇게 열심히 일하는 과정에서 다른 사람들이 돈을 벌게 해준다고 말한다. 이 말은 전 세계의 아주 많은 사람들에게 해당되는 말이긴 하다. 그러나 그렇다고 그들이 특혜 세율을 적용받을 자격이 있는 건 아니다.

NBC 저녁 뉴스, 2007년 10월 30일

고통 분담

우리 지도자들은 '고통 분담'을 요구해왔다. 그러나 나는 건드리지 않고 넘어갔다. 나는 갑부 친구들에게 연락해서 그들이 어떤 고통을 분담하게 될지 알아보았다. 이 친구들 역시 멀쩡했다. 빈곤층과 중산층이 아프가니스탄에서 우리를 위해 싸우는 동안, 그리고 대부분의 미국인들이 아등바등 하며 겨우 입에 풀칠이나 하며 살아가는 동안, 우리 갑부들은 계속해서 엄청난 세금 우대 조치를 받았다.

〈뉴욕 타임스〉, 2011년 8월 14일

유산세

유산세The Estate Tax로 조달되는 약 200억 달러를 없앤다면 어떻게든 다른 모든 사람에게서 세금을 더 걷어 그 돈을 메꾸는 수밖에 없다. 미국 국민들이 엄청난 유산세를 내고 있는 고작 수천 명의 가족들을 위해 분투를 벌여 나머지 국민들 모두가 자기 호주머니를 털어 그 돈을 부담하게 될 생각을 하니, 기가 막힐 노릇이다.

《스노볼》, 2008년

버크셔가 내는 세금

찰리나 나나, 국세청IRS에 0이 많이 붙은 수표를 발행하는 게 괴롭지 않다. 법인으로서의 버크셔는 물론, 개인으로서 우리는 다른 어떤 나라에서도 불가능할 번영을 미국에서 누렸다. 실제로 우리가 다른 나라에서 살면서 세금을 전혀 내지 않아도 됐다면 재정적으로는 물론 다른 면들에서도 형편이 더 어려웠을 거라고 확신한다. 전반적으로, 이를테면 우리가 장애인이거나 실업자여서 정부가 정기적으로 우리에게 수표를 써 줘야만 하는 대신, 우리가 정부에 큰 액수의 수표를 발행할 수 있는 형편이어서 믿기지 않을 정도로 운이 좋다고 생각한다.

버크셔 해서웨이 주주들에게 보내는 편지, 1999년 3월

세수중립적* 세제 개혁

세율을 내리고 모든 특별세를 없애서 세수 중립 상태를 만들 수는 있다. 거기에 대해선 아무 불만이 없다. 솔직히 말해서 그렇게 되면 버크셔에겐 이로울 것이다. 그런데 세수 중립적이 될 거라는 말은 세금이 줄어들 사람들만큼 세금이 늘어날 사람들이 있을 거라는 뜻이 된다. 그러니 세금이 늘어날 사람들 때문에 국회 의사당은 로비스트들로 넘쳐나게 될 것이다. 세수 중립적이 될 거라는 말은 버크셔에서 세금을 덜 내기 때문에 어떤 기업들이 훨씬 더 막대한 세금을 내게 될 거라는 뜻이다.

CNBC, 2011년 11월 14일

로비와 세법

세법에 나오는 모든 조항은 누군가가 그걸 위해 싸웠기 때문에 거기 들어간 것이다. 해당 조항이 염려되는 사람들은 하나로 뭉쳐 그것에 총력을 집중한다. 그런가 하면 그 조항에 영향을 받는 사람들은 뿔뿔이 흩어진 채로, 그것에 대해 아예 알지도 못한다.

〈하아레츠〉, 2011년 3월 23일

---

* 세제 개혁으로 개인이나 기업의 납세액이 변해서 늘어나더라도 정부 세수 총액은 증가하지 않게 하는 것.

세법은 논리가 아니라 로비스트들이 만들어왔다.

CNBC, 2011년 7월 7일

소득 불평등

평균 가구당 4천만 달러에서 2억 달러에까지 이르는 400대 고소득자들을 살펴보면 이들이 적용 받는 세율은 29퍼센트에서, 우수리를 뗀 21퍼센트에 이른다. 따라서 계급투쟁이 계속되고 있고, 내가 속한 계급이 이기고 있다. 사실 내가 속한 계급은 그냥 이기고 있는 수준이 아니다. 그들을 죽이고 있다. 궤멸시키고 있는 수준이다.

〈찰리 로즈〉, 2011년 9월 30일

알다시피 계급전쟁이라는 게 있다면 전쟁을 수행하고 있는 건 바로 우리, 즉 부자들이다. 우리 병사는 로비스트들이다. 반면 가난한 사람들이 가진 건 조그만 장난감 병정들 뿐이다.

CNBC, 2011년 11월 14일

부와 세금

이 시스템은 관련자들에게는 효과적이다. 특히 부자들,
특별이익집단들, 의회에 있는 사람이나 로비스트들에게는
효과적이다. 그런데 우리 청소부 아주머니에게는 효과적이지
않을지 모른다. 그렇지만 아주머니가 이 문제에 대해 뭘 할 수
있겠는가?

CNBC, 2011년 11월 14일

버핏세

지난 25년간 《포브스》가 선정한 400대 부자들의 경우에
순자산이 1인당 아홉 배가 늘어났다. 1인당 아홉 배가
말이다. 지난 15년간은 1인당 세 배가 늘어났다. 미국 사람들
일반에게는 이런 일이 일어나지 않는다. 바로 저런 부자들이
자기들 세율을 내리고, 내리고, 또 내리는 동안 벌어지고 있는
일이다. 그렇기 때문에 우리가 3억 1천2백만 명의 미국인들에게
고통 분담에 대해 이야기하고, 우리가 그들에게 약속했던
것들을 빼앗아가고 있을 때가 갑부들이 어느 정도는 그런
고통을 분담해주어야 할 순간이라고 생각한다. 그렇게 해도
갑부들에겐 아무 영향도 없을 것이다.

즉 사회보장 규정을 조금이라도 고치면 수백만 명의
사람들은 피부로 느낄 것이다. 정말 체감할 것이다. 노인
의료보험 제도 Medicare를 바꾸면 수백만 명의 사람들이 피부로
느낄 것이다. 수백만이나 천만이나 그 이상의 소득에 대해
30이나 35퍼센트의 최저한 세율 minimum tax을 적용한다 해도,

사실 그런 고소득자들에겐 아무 영향도 없을 거라는 게
사실이다. 그러나 적어도 미국인 일반은 우리 모두가 동참해줄
것을 요구받게 될 이런 전반적인 희생에, 갑부들이 조금이라도
동참하라는 요구를 받았다는 느낌을 갖긴 할 것이다.

    CNBC, 2011년 11월 14일

그건 사람들에게 그들이 맞닥뜨리게 될 종류의 희생을 감수하게
만든다는 면에서 매우 중요하다. 우리는 사람들에게 어떤
약속들은 수정이 불가피하다고 말할 것이다. 그런데 이들은
개인사에서 안전 마진 margin of safety이 많이 없는 사람들이다.
그들은 우리 같지 않다. 돈이 들어오지 않는다거나 이러저러
하다고 해서 주식 같은 걸 조금 내다팔 순 없는 사람들인
것이다.
    정말 평균 이하의 세금을 내고 있는 갑부들이 있다. 그렇지
않은 갑부들도 많다. 그러나 그런 사람들이 더 많다. 나는 3억
명의 미국인들에게 허리띠를 동여매게 하면서 그런 집단을 그냥
보아 넘기는 건 끔찍한 잘못이라 생각한다.

    〈찰리 로즈〉, 2011년 9월 30일

양키즈 홈구장에서 치는 홈런에 내 이름이 붙는 편이 더 좋을
텐데. "버핏 홈런이 나왔네요.", 뭐 그렇게 말이다.

    CNBC, 2011년 11월 14일

부와 세금

7   인생 수업

무조건적인 사랑

내가 얻은 가장 큰 교훈은 무조건적인 사랑이 가진 힘이다. 자식에게 그런 사랑을 준다면 결승점에 90퍼센트까지 가까이 간 셈이다. 세상의 모든 부모가 아이가 아주 어릴 때 그런 사랑을 베풀어줄 수 있다면 더 나은 인류를 만드는 데 도움이 될 것이다.

〈허핑턴 포스트〉, 2010년 7월 8일

버핏의 아버지

우리 아버지는 정말 독불장군이셨다. 그렇지만 독불장군이 되기 위한 독불장군은 아니셨다. 다른 사람들이 뭐라 생각하는지에 대해선 전혀 신경 쓰지 않는 분이셨다, 이 말이다. 아버지께서는 인생을 어떻게 살아야 하는지 가르쳐주셨다.

《스노볼》, 2008년

아버지께서 평생 신문 1면에 나서 스스로 창피해 하실 만한
일을 하시는 건 본 적이 없다. 그 분은 나에게 무조건적으로
사랑을 베푸셨다. 정말 인간적으로 훌륭한 분이셨다.

CNBC, 2012년 2월 8일

버핏이 가진 이점

어렸을 때 나는 온갖 좋은 건 다 누렸다. 사람들이 흥미로운
것들에 대해 이야기하는 집이라는 장점이 있었다. 똑똑한
부모님이 계셨고, 괜찮은 학교들을 다녔다. 어느 부모도 우리
부모님보다 나를 더 잘 키우실 순 없었을 것이다. 이건 엄청나게
중요했다. 나는 부모님에게서 돈을 받지 않았고, 그러고 싶지도
않았다. 그렇지만 나는 적시적지에 태어난 사람이었다.

《스노볼》, 2008년

어린 시절의 반항

나는 어릴 때 정말 반항적이었다. 몇몇 선생님들은 내가 비참한
실패자가 될 거라고 예언했다. 나는 품행불량 점수에서 기록을
세웠다. 그러나 아버지께서는 나를 절대 포기하지 않으셨다.
사실 어머니도 마찬가지셨다. 두 분 다 그러셨다. 자신을
믿어주는 부모님이 있다는 건 참 멋진 일이다.

《스노볼》, 2008년

윤리 교육

윤리를 배우기에 가장 좋은 장소는 집이라 생각한다. 내 생각에 우리들 대부분은 자기가 가진 가치관들을 경영대학원에 가기 전에 주위에서 본 것으로 얻는다. 가치관들을 강조하는 건 중요하다고 생각한다. 그런데 양질의 교육을 받고 윤리를 배우는 걸 전적으로 집에서 하느냐, 아니면 나중에 학교 교육 과정에서 하느냐를 선택할 수 있다면 나는 집을 택할 거라 생각한다.

컬럼비아 대학교, 2009년 11월 12일

버핏의 아내

수지는 아버지만큼, 어쩌면 그보다 더 큰 영향을 다른 방식으로 내게 미쳤다. 내게는 수지는 알았지만 나는 알지 못했던 방어기제들이 있었다. 아내는 아마 다른 사람들이 내게서 보지 못했던 것들을 보았던 것 같다. 그러나 그게 꽃을 피우게 하려면 오랜 시간과 많은 양분이 필요할 거라는 것도 알고 있었다. 아내는 반드시 꽃을 피우게 해줄 수 있는 누군가가 물뿌리개를 들고 곁에 있다는 느낌을 주었다.

《스노볼》, 2008년

누구와 결혼해야 하는가

제대로 된 사람과 결혼해라. 심각하게 하는 얘기다. 그게 여러분의 삶에 더 큰 변화를 가져올 것이다. 포부를 비롯한 모든 것을 바꿔놓을 것이다. 누구와 결혼하는가는 어마어마하게 중요하다.

컬럼비아 대학교, 2009년 11월 12일

인생 계획

인생 계획을 세우는 게 가치가 있다고 생각하지 않는다.

《포브스》, 1969년 11월 1일

제이 지 놀리기

제이 지가 약 1년 전에 여기 출연한 적이 있었다. 내가 어떻게 했냐면, 그가 매고 나온 넥타이를 여섯 번이나 칭찬했다. 이렇게 말했다. "세상에, 제이, 정말 멋진 넥타이야." 그러자 마침내 그가 이렇게 말했다. "좋아요. 워런 씨가 이겼어요." 그리고 넥타이를 벗어 주었다.

나중에 나는 오프닝 행사에 갔다. 그가 내게 준 넥타이를 매고 말이다. 그리고 그를 만나자, 그가 맨 넥타이에 눈독을 들이기 시작했다. "이봐, 제이, 정말 멋진 넥타이야." 그러자 그는 말했다. "워런. 포기하세요. 하나로 끝이에요."

CBS 뉴스, 2012년 2월 8일

일과

나는 말도 안 되게 오랜 시간을 뭔가를 읽는 데 보낸다. 아마 하루에 최소 여섯 시간, 어쩌면 그보다 더 많은 시간을 읽을 것이다. 그리고 한 시간이나 두 시간을 전화하는 데 쓴다. 그리고 생각에 잠긴다. 대충 그렇다.

네브래스카 링컨 대학교 학생들과의 세미나, 1994년 10월 10일

인내

캐피탈 시티Capital Cities/ABC의 CEO 톰 머피Tom Murphy는 40년 전 어느 날 이렇게 말했다. "이봐, 워런, 내일 어떤 남자에게 지옥에나 가라고 말할 수 있어. 그럴 권리를 포기하진 마. 그러니 오늘은 그냥 입 다물고 있어. 그래서 내일도 같은 기분이 들지 한 번 보라고." 정말 멋진 충고다. 이 말이 얼마나 많은 문제에서 나를 구해주었는지 모른다.

〈허핑턴 포스트〉, 2010년 7월 8일

자기 자신에 대한 믿음

드러누워 시스티나 성당 천장에 그림을 그리는 사람이 된 것 같은 기분이 든다. 사람들이 "와, 이거 정말 멋진 그림이네요."라고 해주면 기분이 좋아진다. 그러나 어디까지나 내 그림이니만큼 누가 와서 "파랑색 대신 빨강색을 더 쓰는 게 어때요?"라고 말한다면 "안녕히 가시오."다. 이건 내 그림이니까. 그래서 얼마에 팔릴지도 상관없다. 그림 자체가 가치 없어지는 건 절대 아닐 테니까 말이다. 그게 이 일이 멋진 점들 중 하나다.

〈스노볼〉, 2008년

자기가 정말 잘 아는 무언가를 보고서도 소극적으로 조금씩
일을 진척시키는 건 옳지 않다고 본다. 나는 어떤 것도 소규모로
하고 싶진 않다. 이유가 뭐냐고? 자기 판단에 그리 확신이 서지
않는다는 이유로 소규모로 할 바에는 그 일은 완전히 접고,
확신이 서는 무언가로 넘어가고 말 테니까.

네브래스카 링컨 대학교 학생들과의 세미나, 1994년 10월 10일

버핏이 귀를 기울이는 사람

나는 운이 좋게도 아주 일찌감치 적당한 기반을 마련할 수
있었다. 그런 다음에는 기본적으로 어느 누구의 말도 귀담아
듣지 않았다. 매일 아침 거울을 들여다볼 뿐이다. 그러면 거울은
언제나 내 생각에 동의한다.

컬럼비아 대학교, 2009년 11월 12일

내면적 평가표

사람들의 행동 방식에 대한 중요한 질문은, 그 사람이 내면적 평가표를 가졌는지, 외면적 평가표를 가졌는지 하는 것이다. 내면적 평가표에 만족할 수 있으면 유리하다. 나는 언제나 이렇게 표현한다. '어디 보자. 자신이 세상에서 가장 멋진 애인이지만 모든 사람이 보기에 세상에서 가장 형편없는 애인인 편을 택하겠는가? 아니면 세상에서 가장 형편없는 애인이지만 모든 사람이 보기에 세상에서 가장 멋진 애인인 편을 택하겠는가?'

《스노볼》, 2008년

최고의 투자

자기가 할 수 있는 최고의 투자는 자기 자신이다. 거기에 견줄 만한 건 아무 것도 없다.

조지아 공과대학 동창회보, 2003년 겨울

불쾌한 일

속이 뒤틀리게 만드는 사람들과 일하고 있다면 다른 직장을 알아보라 하겠다. 그런 식으로 인생을 살아가는 건 끔찍한 일인데다, 인생은 딱 한 번뿐이니까 말이다.

조지아 공과대학 동창회보, 2003년 겨울

자기 일을 사랑하기

자기가 사랑하는 일을 해야 한다. 그 일에 열정을 갖고 있어야 한다. 그러고 있지 않다면 다른 뭔가를 시작하라. 여러분을 위한 뭔가가 어딘가에는 있다. 자기가 즐기는 뭔가를 하고 있는 한, 천만 달러를 갖고 있든 1억 달러를 갖고 있든 백만 달러를 갖고 있든 별 차이가 없다. 자기가 하고 싶은 일들 대부분을 할 수 있을 만큼은 돈이 있어야 한다. 거기에 거금이 필요하진 않다.

조지아 공과대학 동창회보, 2003년 겨울

여러분이 내 자리, 즉 자신에게 돈이 전혀 중요치 않은 자리에 있다면 했을 일을 하라. 일흔아홉에도 나는 매일 일한다. 세상에서 어떤 것보다 하고 싶은 일이 그거니까 말이다. 살면서 더 일찍, 더 가까이 그런 경지에 다다를수록, 인생이 더 재미있어질 테고, 일도 정말 더 잘 해낼 수 있을 것이다.

컬럼비아 대학교, 2009년 11월 12일

진실성

오마하 시에 사는 피트 키윗이라는 남자가 있었다. 그는 사람을 채용할 때 세 가지를 본다고 입버릇처럼 말하곤 했다. 바로 진실성, 지성, 에너지였다. 또 누군가가 첫 번째 것을 갖고 있지 않다면, 나머지 두 가지가 자길 죽일 거라고 말하기도 했다. 진실성이 없는 사람이라면 멍청하고 게으르기만 할 테니까 말이다. 똑똑하고 에너지가 넘치면 안 된다.

플로리다 대학교 세미나, 1998년 10월 15일

성공하기 위한 자질

내가 여러분에게 대학 동기 한 명이 평생 동안 버는 수입의
10퍼센트를 그 사람의 남은 평생 동안 살 수 있는 권리를
주었고, 생각할 시간은 한 시간을 주었다고 잠깐 생각해보라.
누구를 고르겠는가? 그들에게 아이큐 테스트를 하겠는가?
아이큐가 가장 높은 사람을 뽑겠는가? 그러진 않을 것이다.
성적이 가장 좋은 사람을 고를까? 아닐 것이다. 가장 에너지가
넘치는 사람이나 진취적인 사람을 고르는 것도 아닐 것이다.
대신 그 외의 질적인 요소를 찾기 시작할 것이다. 모든 사람이
충분한 지능과 에너지를 갖고 있으니까 말이다. 어쩌면
자기에게 가장 감동을 준 사람을 선택할지도 모르겠다. 즉
리더십 자질을 갖춘 사람, 다른 사람들이 자기 이익을 실현할
수 있게 해주는 사람을 말이다. 관대하고, 정직하고, 자기
아이디어는 다른 사람들 덕분이라며 그들에게 공을 돌리는 그런
사람일 것이다. 그런 모든 자질을 갖춘 사람 말이다.

플로리다 대학교 세미나, 1998년 10월 15일

기질

가장 중요한 자질이 아이큐가 얼마나 높은지가 아니라는 건
확실하다. 아이큐는 보기 드문 요소가 아니다. 적정량의 지능은
필요하다. 그러나 '기질'이 90퍼센트를 차지한다.

노틀담 대학교 교직원 강연, 1991년 봄

노년

여러분이 여든한 살이 되면 지금보다 더 많은 재미를 누릴 수 있을 것이다. 여든한 살이 근사한 나이란 얘기다. 나는 내가 하는 일을 하는 게 무척 기다려진다. 그게 멜 오트Mel Ott가 뉴욕 자이언츠 팀에서 뛰고 있을 때 한 말이었는지, 아님 다른 누가 한 말이었는지는 잊어버렸지만 이런 말을 했다. "이봐요, 그 사람들이, 그러니까 그들이 이걸 하라고 내게 무려 돈을 준단 말이죠?" 내가 딱 그런 기분이다.

CBS 뉴스, 2012년 2월 8일

성공의 척도

내 나이가 되면 나를 사랑해주었으면 싶은 사람들 중 얼마나 많은 사람들이 실제로 나를 사랑해주는지가 성공한 인생의 척도가 될 것이다. 나는 돈이 많은 사람들을 알고 있다. 그들은 기념 만찬에 참석하고, 자기 이름을 딴 신축 병동을 얻는다. 그러나 사실 이 세상 어느 누구도 그들을 사랑하진 않는다. 내 나이에 접어든 누군가를 좋게 생각해주는 사람이 아무도 없다면 계좌에 돈이 얼마나 많든 상관없이 실패한 인생이라고 본다.

조지아 공과대학 동창회보, 2003년 겨울

스스로를 돌보기

내가 열여섯 살 때 램프의 요정이 나타나 이렇게 말했다고 해보자. "네가 고른 차를 줄게, 워런. 내일 아침에 큰 리본을 묶어서 대령하도록 하지. 완전히 새 차를 말이야. 그냥 줄 테니까 가지면 돼." 요정이 하는 말을 전부 들은 뒤에 나는 이렇게 말할 것이다. "대가가 뭐죠?" 그러면 요정은 이렇게 답할 것이다. "딱 한 가지 조건이 있어. 네 평생 가질 수 있는 차는 이게 마지막이란 거지. 그러니 이 차를 평생 타야만 해."

그런 상황이라면 차를 고르긴 했을 것이다. 그렇지만 그 차를 평생 타야 한다는 것을 아는 마당에 내가 그 차를 어떻게 할지 상상이 가는가? 차량 설명서를 다섯 번은 읽을 것이다. 언제나 차고에 넣어놓으려 할 것이다. 아주 조금이라도 움푹 들어가거나 긁히면 당장에 고칠 것이다. 녹이라도 슬면 안 될 테니까 말이다. 차를 마치 아기처럼 애지중지할 것이다. 이 차를 평생 타야 할 테니까 말이다.

여러분이 자신의 정신과 몸에 대해 처한 상황이 바로 이렇다. 여러분에게는 딱 하나의 정신과 몸만 주어질 뿐이다. 그리고 그걸 가지고 평생 가야 한다. 그런데 정신과 몸은 오랫동안 그냥 방치해두기가 무척 쉽다. 그러나 정신과 몸을 제대로 돌보지 않는다면 40년 후에는 망가지고 말 것이다. 차가 그렇듯이 말이다. 여러분이 오늘 지금 당장 뭘 하는지가 자기 몸과 정신이 향후 10년, 20년, 30년 후에도 잘 돌아갈지를 결정한다.

《스노볼》, 2008년

포브스 리스트

《포브스》가 미국 400대 장수 미국인 리스트를 만드는데 내가 거기 들어간다면, 내가 진짜로 포함되고 싶은 리스트는 바로 그것이다.

CNBC, 2011년 5월 2일

은퇴

나는 아주 건강하고, 내가 하는 일을 사랑하고, 언젠가는 노망이 들 테고, 여기서 쫓겨날 것이다. 자식 셋이 반드시 함께 나를 찾아와서, "아빠, 노망이 드시는 것 같아요."라고 말해줘야만 한다고 당부해놨다. 한 명만 오면 유언장에서 빼 버릴 테니 꼭 같이 와야 한다고 자식들에게 말하곤 한다.

CNBC, 2011년 11월 14일

사후(死後) 관리

나는 죽어서도 포트폴리오를 관리해야 한다는 생각을 버리고 싶지가 않다. 즉 '틀에서 벗어나 생각하기'라는 표현에 새로운 의미를 부여하고자 하는 바람을 포기하기가 쉽지 않다는 말이다.

버크셔 해서웨이 주주들에게 보내는 편지, 2008년 2월

자선 사업의 난제들

사업을 할 때는 해결이 쉬운 문제들을 찾아다닌다. 자선 사업을 할 때는 아주 골치 아픈 문제들을 찾아다닌다. 중요한 대규모 자선 사업을 히는 경우에는 오랜 기간 지성인들을 좌절시켰고, 사람들에게 중요하다고 알려진 문제들을 알아보게 마련이다. 따라서 훨씬 더 큰 실패를 예상해야 한다.

자식들에게 자선단체를 세워주면서 애들에게 보낸 편지에, 자기가 하는 모든 노력이 성공을 거둔다면 곧 실패할 거라고 썼다. 그랬다는 건 사회에서 어떻게든 처리했을 쉬운 일들만 하고 있었다는 뜻이기 때문이라고 말이다.

그러나 굉장히 까다로운 문제들과 씨름하게 될 거라는 사실은 차치하고라도, 두 번째로 큰 문제는 시장 제도에서 오는 피드백이 없다는 것이다. 햄버거 노점을 열고 형편없는 햄버거를 내놓는다면 그 날 장사를 끝낼 때 그랬다는 걸 알게 될 것이다. 자선 사업에서는 내가 뭔가 멍청한 짓을 하고 있으면 더욱 멍청한 짓을 하도록 사람들이 부추기기만 할 뿐이다. 이렇게 자선 사업에는 시장의 피드백이 없기 때문에 문제가 아주 크다.

〈하아레츠〉, 2011년 3월 23일

사회 환원

앤드류 카네기는 사회에서 흘러나온 막대한 재산은 대부분 사회로 돌아가야만 한다고 말했다. 내 경우에, 내가 가진 자본을 배분하는 능력은 내가 부유하고 인구가 많은 나라에 살지 않았다면 거의 쓸모가 없었을 것이다. 막대한 양의 시장성 유가 증권이 거래되고, 때로는 터무니없는 가격이 매겨지는 나라가 아니었다면 말이다. 그리고 나로선 운이 좋게도, 바로 지난 세기 후반의 미국이 그랬다.

《포춘》, 2006년 6월 25일

게이츠 재단에 기부하기

나는 이미 상당한 규모에 이른 아주 훌륭한 재단이 있다는 걸 알게 되었다. 규모가 아주 커지기 위해 버핏 재단이라면 치러야 했을 고생을 하지 않아도 될 곳을 말이다. 그러니 그곳에서는 내 돈을 당장 생산적으로 쓸 수 있을 터였다.

지난 수년 간 나는 빌과 멜린다 게이츠와 친하게 지냈고, 많은 시간을 두 사람과 즐겁게 보냈고, 무엇보다 그들이 자기네 재단에서 하고 있는 일에 대한 존경심이 커져갔다. 나는 두 사람이 재단 프로그램들에 대해 프레젠테이션 하는 걸 보았고, 자기들이 하는 일에 쏟는 의욕과 열정과 에너지에 언제나 감탄해마지 않았다. 그들은 머리와 마음 모두를 가지고 그 일에 맹렬한 기세로 뛰어들었다고 말해도 좋을 것 같다.

《포춘》, 2006년 6월 25일

그는 전 세계 모든 사람의 목숨은 다른 모든 사람의 목숨과 동등한 것이라는 생각을 갖고 있다. 그리고 그는 그런 생각을 돈으로만 지원하고 있는 게 아니라, 자기 시간으로도 지원하고 있다. 또 그의 아내인 멜린다도 자기 시간으로 그 생각을 지원하고 있다. 그리고 그들은 돈과 재능과 에너지와 상상력을 모두 이용해서, 정말로 거의 반평생을 전 세계 65억 명의 사람들의 삶을 향상시키는 데 보낼 생각이다. 내가 가장 존경하는 게 그 점이다.

컬럼비아 대학교, 2009년 11월 12일

나는 뭔가에 엄청난 성공을 거둔 두 사람과 친하게 지낸다. 덕분에 두 사람이 이룬 성과를 지켜볼 기회가 있었고, 그들이 그 일을 계속해 나갈 거라는 걸 안다. 사재를 들여서 한 것이니만큼 일시적 변덕으로 그러는 게 아니니까 말이다. 그리고 나는 전반적으로 그들 논리에 동의한다. 내가 가진 목표에 적합한 수단을 찾은 마당에 망설일 이유는 없다.

내가 그들과 하고 있는 일을 버크셔에서의 내 상황과 비교해보라. 버크셔에서 나는 유능하고 검증된 사람들에게 우리 일을 맡겼다. 그들은 훨씬 더 회사 운영을 잘했다. 자기가 어떤 일을 해내고 싶든 그 일을 할 능력을 나보다 더 잘 갖추고 있는 누군가를 찾아내는 것보다 더 합리적인 게 뭐가 있겠는가? 큰돈이 걸린 골프 내기에서 타이거 우즈에게 책임을 맡기지 않을 사람이 누가 있겠는가?

《포춘》, 2006년 6월 25일

공정 사회

자기가 태어나기 24시간 전에 어떤 요정이 와서 이렇게
말했다고 상상해보자. "장래가 무척 유망해 보이는 아이구나.
근데 내게 큰 문제가 하나 있어. 네가 살게 될 세상을 설계해야
하는데 그게 너무 어려운 일이라는 결론을 내렸지 뭐냐. 그러니
네가 설계해보렴. 사회 규범과 경제 규범과 정부 규범들은
어떤 게 되어야 할지, 너와 네 아이들은 어떤 규범을 따르며
살아가야 할지를 생각해내야 한단다." 여러분은 이렇게 말한다.
"뭐든 설계할 수 있다고요? 분명 함정이 있겠죠." 요정은
이렇게 말한다. "음, 조건이 있어. 흑인으로 태어날지, 백인으로
태어날지, 부자일지, 가난할지, 남자일지, 여자일지, 병약할지,
몸이 건강할지, 똑똑할지, 정신지체일지 알지 못한다는 거야.
네가 아는 거라고는 공이 58억 개가 들어 있는 통에서 공을 한
개 꺼내게 될 거라는 게 전부지."

여러분은 내가 '난소 복권 추첨 ovarian lottery'이라 부르는 일을
해야 한다. 거기서 공 하나를 받게 되고, 그건 자기 평생에
일어날 수 있는 가장 중요한 일이 될 것이다. 여기 태어나느냐,
아프가니스탄에 태어나느냐, 또는 아이큐 130으로 태어나느냐,
아이큐 70으로 태어나느냐를 좌우할 테니까 말이다. 그게 아주
많은 걸 결정하게 될 것이다. 그리하여 여러분은 그렇게 결정된
세상에 태어나게 될 테고, 그 공을 갖게 될 것이다. 자, 이제
여러분은 어떤 종류의 세상을 설계하겠는가?

내 생각에 이건 사회 문제들에 대해 생각해보기 좋은
방법이다. 자기가 어떤 공을 뽑게 될지를 모르기 때문에 많은

재화와 용역이 있는 세계를 설계하고 싶을 것이다. 사람들이 전반적으로 잘 살기를 바랄 테니까 말이다. 또 그 세계가 점점 더 많은 걸 생산해서, 자기 자녀들이 자기보다 잘 살고, 손자 손녀들은 또 그 부모보다 잘 살기를 원할 것이다. 그러나 한편으로는 그 시스템이 우연히 나쁜 공을 고른 사람을 버리지 않기도 원할 것이다.

플로리다 대학교 세미나, 1998년 10월 15일

주요 연보

1930년 8월 30일

네브래스카 주에서 하워드와 레일라 버핏의 아들로 태어나다.

1941년

열한 살 때 누나인 도리스와 함께 첫 주식을 사다. 초기에 주가가 하락하자 약간의 수익만 보고 주식을 팔다. 주식을 팔고 얼마 안 가 주당 가격이 500퍼센트 넘게 오르다.

1942년

아버지가 국회의원이 되자 가족과 함께 워싱턴 D.C로 이사하다.

1945년

신문 배달로 번 저금 1,200달러를 40에이커(약 16.19 헥타르) 면적의 농장에 투자하다.

1947년

친구와 기업체를 시작하다. 중고 핀볼 기계들을 구입해서 이발소를 비롯한 동네 가게들에 갖다놓고 수금을 하다. 워런 버핏이 그 기업을 팔다.

고등학교 졸업 후 펜실베이니아 와튼 스쿨Wharton School에
입학하다. 자기가 교수들보다 아는 게 더 많다고 불평하다.

1949년
네브래스카 링컨 대학교로 전학을 가다. 3년 과정을 마치고
졸업하다.

벤저민 그레이엄이 쓴 《현명한 투자자》를 읽다. 이 책에서 그가
평생 이용한 투자 철학을 배웠다고 믿다.

1950년
벤 그레이엄이 교수로 있는 컬럼비아 대학교에 입학하다.

1951년
무보수로 그레이엄을 위해 일하겠다고 제안하지만 거절당하다.
졸업 후 오마하로 돌아가서 수잔 톰슨과 데이트를 시작하다.
2천 달러를 싱클레어 주유소에 투자하다. 이곳에서 주말마다 차
유리를 닦다. 투자한 돈 전부를 날리다.

1952년
수잔 톰슨과 결혼을 하고 첫 아이 수지가 태어나다.

1954년

그레이엄에게서 그의 합명회사에서 일해보라는 제안을 받다. 급여로 연봉 1만 2천 달러를 받고 합류하다. 가족은 뉴욕 주 화이트 플레인즈로 이사하고, 버핏은 이 회사에서 최고 실적을 올리는 인물이 되다.

1956년

그레이엄이 은퇴하면서 자기 회사의 파트너가 되어달라는 제안을 하다. 뉴욕이 지겨워진 버핏은 주니어 파트너가 되는 데 흥미가 없어 거절하다.

가족은 오마하로 돌아가고, 워런 버핏은 은퇴해서 자기 돈에서 나오는 이자로 살아가기로 결심하다.

은퇴하기에 충분한 돈을 벌기 위해 워런 버핏은 여러 친구들과 함께 투자 조합인 버핏 어소시에이츠Buffett Associates를 세우다. 뒤이어 합명회사를 두 곳 더 세우다.

1957년

합명회사를 두 곳 더 세워서 총 다섯 곳이 되다.

1961년

1백만 달러 이상의 가치가 있는 첫 번째 투자를 하다.

1962년
자기 합명회사들을 버핏 합명회사Buffett Partnerships로 합병시키다.
현재 가치는 약 7백만 달러다.
섬유 회사인 버크셔 해서웨이의 주식을 사기 시작하다.

1964년
사기 스캔들로 아메리칸 익스프레스 주가가 하락하다. 아메리칸 익스프레스 사의 장기 전망에 대해 확신을 가진 버핏은 주식을 사들이기 시작하다.

1965년
월트 디즈니 사의 미래 수익성과 직접 만나본 월트 디즈니 본인이 가진 리더십 자질에 대한 강한 믿음에서 월트 디즈니 사에 막대한 투자를 하다.

버크셔 해서웨이를 손에 넣고, 회사를 운영할 새 사장을 임명하다.

1969년
자기 소유의 많은 합명회사를 해체하고, 버크셔 해서웨이의 주식을 파트너들에게 나눠주다.

1970년

버크셔 해서웨이가 보험 및 다양한 투자로 올린 수익이 섬유산업으로 올린 수익의 100배 이상이 될 정도로 막대해지다. 버크셔 해서웨이 주주들에게 연례 서신을 보내기 시작하다.

1977년

〈워싱턴 포스트〉 같은 다른 신문사들을 이미 갖고 있는데도 불구하고 버크셔 해서웨이가 〈버팔로 이브닝 뉴스〉를 인수하다. 한 번도 실현되지 않은 독점 금지소송을 야기하다.

1983년

버크셔 해서웨이 주식이 주당 천 달러를 넘어서다. 버핏의 순자산이 6억 2천만 달러에 이르다.

1988년

버크셔 해서웨이가 코카콜라 주식을 10억 달러 이상 구입하기 시작하다.

1990년

버크셔 해서웨이가 웰스 파고의 10퍼센트를 사다.

1995년

버크셔 해서웨이가 헬츠버그 다이아몬드Helzberg Diamonds와 RC 와일리 홈 퍼니싱RC Willey Home Furnishings을 인수하다.

1996년
버크셔 해서웨이가 가이코 보험사를 완전히 인수하다.

1997년
버크셔 해서웨이가 데어리 퀸Dairy Queen과 스타 퍼니처Star Furniture를 인수하고 US 에어웨이US Airways에 투자하다.

1998년
버크셔 해서웨이가 제너럴 재보험General Re과 이그제큐티브 제트Executive Jet를 인수하다.

1999년
버크셔 해서웨이가 조던스 퍼니처Jordan's Furniture를 인수하고, 미드아메리칸 에너지 홀딩스MidAmerican Energy Holdings 사에 투자하다.

2000년
칼슨 그룹이 워런 버핏을 20세기 최고의 금융자산관리자로 선정하다.

버크셔 해서웨이가 애크미 빌딩 브랜드Acme Bulding Brands, 쇼 인더스트리Shaw Industries, 벤자민 무어Benjamin Moore, 존스 맨빌Johns Manville을 인수하다.

2004년

아내 수잔이 뇌졸중으로 사망하다.

2006년

재산의 80퍼센트 이상을 다섯 개 재단에 기부하는 계획을 발표하다. 그 중 가장 많은 돈을 빌 게이츠 재단에 기부하다.

애스트리드 멘크스Astrid Menks와 결혼하다.

2001년 산 링컨 타운 카를 자선 목적으로 경매에 붙여 처분하다.

2007년

버크셔 해서웨이를 경영할 후계자를 물색 중이라고 발표하다.

2008년

세계 최고의 부자가 되다.

주식 시장 붕괴 때문에 50억 달러를 골드만삭스에 투자하다.

2010년

워런 버핏, 빌 게이츠, 페이스북 CEO인 마크 주커버그가 기빙 플레지the Giving Pledge*에 서명해서, 그동안 축적한 재산의 절반을 기부하기로 약속하다.

* 기부서약

2011년

미국 부자들이 내는 세금이 너무 적다고 버핏이 주장한 후, 연간 소득이 백만 달러 이상인 사람들에게 새로운 세율을 적용하는 세금안인 '버핏세'를 버락 오바마가 주창하다.

2012년

전립선 암 1기로, 방사선 치료를 받을 예정이라고 밝히다.

버크셔 해서웨이 퍼블릭 홀딩스

2012년 4월 4일자 자료

기업	보유가치	지분(%)
코카콜라 KO	146억 9천만 달러	8.8
인터내셔널 비지니스 머신 IBM	131억 7천만 달러	5.4
웰스 파고 WFC	129억 9천만 달러	13.0
아메리칸 익스프레스 AXP	86억 9천만 달러	2.8
프록터 앤 갬블	51억 6천만 달러	2.8
크래프트 푸드	33억 2천만 달러	4.9
월마트 스토어	23억 6천만 달러	1.1
코노코필립스	22억 2천만 달러	2.3
U.S. 뱅코퍼	21억 6천만 달러	2.3
존슨 앤 존슨	19억 달러	1.1
무디스 코퍼레이션	12억 달러	12.8
디렉티브 DIRECTIVE	9억 9천5백만 달러	2.9
워싱턴 포스트 코	6억 4천5백만 달러	22.4
M&T 뱅크 코퍼	4억 6천5백만 달러	4.3
코스트코 홀세일 코퍼	3억 8천6백만 달러	1.0
비자 주식회사	3억 4천1백만 달러	0.35
인텔 코퍼	3억 2천1백만 달러	0.23

기업	보유가치	지분(%)
CVS 케어마크	3억 1천5백만 달러	0.55
USG 코퍼	2억 8천3백만 달러	16.2
제너럴 다이내믹스	2억 8천1백만 달러	1.1
다비타DaVita Inc. 주식회사	2억 3천3백만 달러	2.9
달러 제너럴	2억 1천만 달러	1.3
토치마크	2억 8백만 달러	4.2
마스터 카드 주식회사	1억 7천4백만 달러	0.3
베리스크 애널리틱스	1억 6천2백만 달러	1.9
제너럴 일렉트릭	1억 5천3백만 달러	0.07
사노피 SA	1억 5천3백만 달러	0.15
리버티 미디어	1억 4천9백만 달러	1.4
유나이티드 파슬 서비스UPS	1억 1천4백만 달러	0.15
글락소스미스클라인	6천 8백만 달러	0.06
뱅크 오브 뉴욕 멜론	4천 3백만 달러	0.15
잉거솔 랜드	2천 6백만 달러	0.2
개닛	2천 6백만 달러	0.73

출처: CNBC, 워런 버핏 워치(Warren Buffet Watch), www.cnbc.com/id/22130601

버크셔 해서웨이 자회사

보험
- 가이코(GEICO)
- 제너럴 재보험(General Re)
- 버크셔 해서웨이 재보험 그룹(Berkshire Hathaway Reinsurance Group)
- 버크셔 해서웨이 프라이머리 그룹(Berkshire Hathaway Primary Group)

철도
- 벌링턴 노던 산타 페(Burlington Northeern Santa Fe)

전력 및 에너지
- 미드아메리칸 에너지 홀딩스

제조업
- 마몬(Marmon 제조 및 서비스업)
- 맥레인 컴퍼니(McLane company 식품 및 제품 유통)
- 애크미 빌딩 브랜드(Acme Building Brands)
- 벤자민 무어(Benjamin Moore)
- 존스 맨빌(Johns Manville 건축자재)

- 쇼(Shaw 건축자재)
- 마이텍(MiTek 건축자재)
- 프룻 오브 더 룸(Fruit of the Loom)
- 포레스트 리버(Forest River 레저용 자전거)
- IMC 메탈워킹 컴퍼니(IMC Metalworking Companies)
- 루브리졸(Lubrizol 화학)

서비스
- 넷젯츠(NetJets 전용제트기)
- 플라이트세이프티(FlightSafety 항공 훈련)
- 비지니스 와이어(Business Wire 뉴스 및 미디어)
- 팸퍼드 셰프(Pampered Chef 주방기기)
- 데어리 퀸(Dairy Queen)
- 버팔로 뉴스(Buffalo News)
- 오마하 월드-헤럴드(Omaha World-Herald)

소매업
- 네브래스카 퍼니처 마트(Nebraska Furniture Mart)
- RC 와일리(RC Willey 가구)
- 스타 퍼니처(Star Furniture)
- 조던스 퍼니처(Jordan's Furniture)
- 보샤임(Borsheims 보석)
- 헬츠버그(Helzberg 보석)
- 벤 브릿지(Ben Bridge 보석)
- 시즈 캔디(See's Candy)

버크셔 해서웨이 자회사

금융 및 금융상품
- 클레이턴 홈즈(Clayton Homes 조립식 주택 및 금융)
- XTRA(운송 장비 대여)
- CORT(가구 대여)

출처: 버크셔 해서웨이 2011년 연례 보고서

본문 웹사이트 출처

서문

http://www.nxtbook.com/
nxtbooks/gatech/alumni-winter03/
index.php?startid=17

1 투자

- 투자 제한
  http://www.tilsonfunds.com/
  BuffettNotreDame.pdf

- 투자와 스포츠
  - "테드 윌리엄스는 저서인…"
    http://www.cbsnews.com/video/
    watch/?id=7398062n
  - "올림픽에서는 난이도가…"
    http://video.cnbc.com/gallery/?video=1618466375&play=1

- 투자에 대해 생각하기
  http://video.google.com/videoplay?
  docid=-6231308980849895261

- 투자자 기질
  http://www.BusinessWeek.
  com/1999/99_27/b3636001.htm

- 재무제표 검토
  http://www.berkshirehathaway.
  com/letters/letters.html

- 평범한 능력, 비범한 결과
  http://money.cnn.com/
  magazines/Fortune/Fortune_
  archive/1988/04/11/70414/index.
  htm

- 투자의 단순함
  - "열아홉 살에…"
    http://www.tilsonfunds.com/
    BuffettNotreDame.pdf

- 시장을 이기는 것
  - "바비 피셔를 어떻게
    이기냐고?…"
    http://www.BusinessWeek.
    com/1999/99_27/b3636001.htm
  - "사람들 대부분은 시장을…"
    http://www.Haaretz.com/misc/
    article-print-page/warren-buffett-
    the-u-s-is-moving-toward-
    plutocracy-1.351236

- 수중에 돈이 별로 없는 게 가진 장점
  http://www.BusinessWeek.
  com/1999/99_27/b3636001.htm

- 장기적 투자
  - "농장이 됐든, 아파트가 됐든, 기업이 됐든…"
    http://www.cnbc.com/
    id/45346040
  - "미래는 절대 확실하지 않다…"
    http://www.Forbes.
    com/2008/11/08/buffett-*Forbes*-article-markets-cx_pm-1107stocks.html

- 투기(Speculation) 대 투자(Investment)
  http://www.cnbc.com/
  id/41889991

- 불확실성에 대응하기
  http://www.cnbc.com/
  id/45346040

- 분산 투자
  - "자기 목표가…"
    http://video.google.com/videoplay?
    docid=-6231308980849895261
  - "기업에 대해 진정 잘 아는 사람이라면…"
    http://video.google.com/videoplay?
    docid=-6231308980849895261

- 액티브 트레이딩(Active Trading)
  - "주식을 액티브 트레이딩 하는 게…"
    http://www.cnbc.com/
    id/45346040
  - "월 스트리트는 무언가를 하는 것으로…"
    http://video.google.com/videoplay?
    docid=-6231308980849895261
  - "여러분이 농장을 하나 갖고 있는데…"
    http://www.cnbc.com/
    id/45346040
  - "전체적으로 봤을 때…"
    http://www.berkshirehathaway.
    com/letters/letters.html

- 투자와 운동 법칙
  http://www.berkshirehathaway.
  com/letters/letters.html

- 버핏의 첫 주식
  http://www.nxtbook.com/
  nxtbooks/gatech/alumni-winter03/
  index.php?startid=17

- 욕심, 겁내기, 매수
  http://www.nytimes.
  com/2008/10/17/
  opinion/17buffett.html

- 오늘 사라
  http://www.cnbc.com/
  id/33901003

- 부실기업 구매
  http://www.BusinessWeek.
  com/1999/99_27/b3636001.htm

- 불경기에 사기
  http://www.tilsonfunds.com/
  BuffettNotreDame.pdf

- 주가 결정(Pricing Stocks)
  - "1달러 가치가 있다고 보는
    무언가를…",
    http://www.nxtbook.com/
    nxtbooks/gatech/alumni-winter03/
    index.php?startid=17
  - "우리가 얘기하고 있는 게
    양말이든 주식이든…"
    http://www.berkshirehathaway.
    com/letters/letters.html

- 가장 중요한 질문
  http://video.google.com/videoplay?
  docid=-6231308980849895261

- 사지 말아야 할 때
  http://www.tilsonfunds.com/
  BuffettNotreDame.pdf

- 버핏의 주유소
  http://video.google.com/videoplay?
  docid=-6231308980849895261

- 버핏의 탄생과 시장
  http://www.charlierose.com/view/
  interview/11919

- 다우존스 지수 때문에 호흡곤란
  증세를 보이는 것
  http://www.berkshirehathaway.
  com/letters/letters.html

- 주식 분할(Splitting Stocks)
  http://www.nxtbook.com/
  nxtbooks/gatech/alumni-winter03/
  index.php?startid=17

- 불확실성
  http://www.cnbc.com/
  id/45346040

- 채권(Bonds)
  http://www.cnbc.com/
  id/41889991

- 상품
  http://www.cnbc.com/
  id/41889991

- 금
  - "금은 두려움 때문에…"
    http://www.cnbc.com/
    id/41889991
  - "이제까지 채굴된 모든 금을…"
    http://money.cnn.
    com/2010/10/18/pf/investing/
    buffett_ben_stein.*Fortune*/
    index.htm

- 현금 가치
  http://www.cnbc.com/
  id/42859828

본문 웹사이트 출처

- 현금에 매달리는 것
  http://www.nytimes.com/2008/10/17/opinion/17buffett.html

2 월 스트리트와 투기

- 월 스트리트의 가치
  http://www.scribd.com/doc/50676366/Transcript-of-Warren-Buffett-Interview-With-FCIC

- 이상한 나라의 투자자들
  http://www.berkshirehathaway.com/letters/letters.html

- 월 스트리트의 나쁜 아이디어
  http://www.tilsonfunds.com/BuffettNotreDame.pdf.

- 나쁜 전문 용어
  http://www.berkshirehathaway.com/letters/letters.html

- 투기의 유혹
  http://www.cnbc.com/id/42859828

- 거품으로 이득을 보기
  http://www.cnbc.com/id/42859828

- 또래 압력과 거품의 원인
  http://www.scribd.com/doc/50676366/Transcript-of-Warren-Buffett-Interview-With-FCIC

- 거품을 한 번 더
  http://www.berkshirehathaway.com/letters/letters.html

- 거품 붕괴가 일어날 때
  http://www.Haaretz.com/misc/article-print-page/warren-buffett-the-u-s-is-moving-toward-plutocracy-1.351236

- 쉽게 번 돈
  http://www.scribd.com/doc/50676366/Transcript-of-Warren-Buffett-Interview-With-FCIC

- 과도한 레버리지(Excessive Leverage)
  http://www.Haaretz.com/misc/article-print-page/warren-buffett-the-u-s-is-moving-toward-plutocracy-1.351236

- 중독적인 레버리지
  http://www.berkshirehathaway.com/letters/letters.html

- 레버리지의 위험성
  http://www.tilsonfunds.com/BuffettNotreDame.pdf

- 똑똑한 사람들과 레버리지
  http://www.scribd.com/doc/50676366/Transcript-of-Warren-Buffett-Interview-With-FCIC

- 파생금융상품
  http://www.berkshirehathaway.com/letters/letters.html

- 신용부도 스왑(Credit Default Swaps)
  http://www.cnbc.com/id/45346040

3 비즈니스

- 자기 한계를 아는 것
  http://www.berkshirehathaway.com/letters/letters.html

- 가격 결정력(Pricing Power)
  http://www.scribd.com/doc/50676366/Transcript-of-Warren-Buffett-Interview-With-FCIC

- 기업의 해자(Business Moats)
  http://www.berkshirehathaway.com/letters/letters.html

- 어떤 기업을 이해하기
  - "우리는 실사(due diligence)를 하거나…"
    http://www.BusinessWeek.com/1999/99_27/b3636001.htm
  - "내가 이해할 수 있는 것들로 이루어진…"
    http://www.tilsonfunds.com/BuffettNotreDame.pdf

- 프리미엄 기업
  - "가장 흥미로운 일 한 가지가…"
    http://www.tilsonfunds.com/BuffettNotreDame.pdf

- 자본집약적 기업
  http://www.tilsonfunds.com/BuffettNotreDame.pdf

- 훌륭한 거래를 찾아내기
  http://www.cnbc.com/id/33901003

- 가십 접근법(The Scuttlebutt Approach)
  http://video.google.com/videoplay?docid=-6231308980849895261

- 주식 중개인들과 얘기하지 말 것
  http://www.tilsonfunds.com/BuffettNotreDame.pdf

- 자기가 무엇을 아는지 아는 것
  http://www.Haaretz.com/misc/
  article-print-page/warren-buffett-
  the-u-s-is-moving-toward-
  plutocracy-1.351236

- 성장 대 수익
  http://www.berkshirehathaway.
  com/letters/letters.html

- 회사 매수 대 주식
  http://www.berkshirehathaway.
  com/letters/letters.html

- 코끼리 찾기
  http://www.BusinessWeek.
  com/1999/99_27/b3636001.htm

- 시즈 캔디(See's Candy)
  http://video.google.com/videoplay?
  docid=-6231308980849895261

- 코카콜라와 행복
  http://video.google.com/videoplay?
  docid=-6231308980849895261

- 콜라의 맛
  http://video.google.com/videoplay?
  docid=-6231308980849895261

- 허쉬 초콜릿
  http://www.tilsonfunds.com/
  BuffettNotreDame.pdf

- 더 데일리 레이싱 폼
  http://www.tilsonfunds.com/
  BuffettNotreDame.pdf.

- 월트 디즈니 사
- "우리는 1966년에…"
  http://www.tilsonfunds.com/
  BuffettNotreDame.pdf

- 인터넷으로 돈 벌기
  http://www.BusinessWeek.
  com/1999/99_27/b3636001.htm

- 인터넷 기업 열풍
  http://www.scribd.com/
  doc/50676366/Transcript-of-
  Warren-Buffett-Interview-With-
  FCIC

- 섬유 사업
  http://www.tilsonfunds.com/
  BuffettNotreDame.pdf

- 기업 윤리
  http://www.berkshirehathaway.
  com/letters/letters.html

- 위험에 처한 기업
  http://www.berkshirehathaway.
  com/letters/letters.html

- 위험과 인간 본성
  http://www.cnbc.com/
  id/45346040

- 미국 실업계의 정도(正道)
  http://www.berkshirehathaway.
  com/letters/letters.html

- 부풀린 수익
  http://www.nytimes.
  com/2002/07/24/opinion/who-
  really-cooks-the-books.html

- 더러운 기업 세탁물
  http://www.nxtbook.com/
  nxtbooks/gatech/alumni-winter03/
  index.php?startid=17

- 스톡옵션에 대한 회계 처리
  http://www.berkshirehathaway.
  com/letters/letters.html

- CEO 윤리
  http://www.berkshirehathaway.
  com/letters/letters.html

4 버크셔 해서웨이

- 한 번의 좋은 결정
  http://www.cbsnews.com/video/
  watch/?id=7398062

- 좋은 결정의 중요성
  http://www.scribd.com/
  doc/50676366/Transcript-of-
  Warren-Buffett-Interview-With-
  FCIC

- 아이디어보다 많은 돈
  http://www.BusinessWeek.
  com/1999/99_27/b3636001.htm

- 실수하기
  - "실수에 대해서는 신경 쓰지 않는다…"
    http://www.Haaretz.com/misc/
    article-print-page/warren-buffett-
    the-u-s-is-moving-toward-
    plutocracy-1.351236
  - "앞으로 나는 더 많은 실수를…"
    http://www.berkshirehathaway.
    com/letters/letters.html

- 절대 뒤돌아보지 말 것
  http://video.google.com/videoplay?
  docid=-6231308980849895261

- 부작위 실수들
  http://www.nxtbook.com/
  nxtbooks/gatech/alumni-winter03/
  index.php?startid=17

- 거래 구조
  http://www.Haaretz.com/misc/
  article-print-page/warren-buffett-
  the-u-s-is-moving-toward-
  plutocracy-1.351236

- 버크셔가 소유한 기업들을 감독하기
  http://www.berkshirehathaway.
  com/letters/letters.html

- 기업들을 계속 보유하기
  http://www.BusinessWeek.
  com/1999/99_27/b3636001.htm

- 출구 전략 없음
  http://www.berkshirehathaway.
  com/letters/letters.html

- 버크셔의 회중(會衆)
  http://video.google.com/videoplay?
  docid=-6231308980849895261

- 버크셔 이사들에게 주는 급여
  http://www.berkshirehathaway.
  com/letters/letters.html

- 제도적 실패와 경영자 보상
  http://www.scribd.com/
  doc/50676366/Transcript-of-
  Warren-Buffett-Interview-With-
  FCIC

- 부풀리는 CEO들
  http://www.scribd.com/
  doc/50676366/Transcript-of-
  Warren-Buffett-Interview-With-
  FCIC

- 좋은 이사의 자질
  http://www.berkshirehathaway.
  com/letters/letters.html

- 이사를 고르지 않는 법
  http://www.berkshirehathaway.
  com/letters/letters.html

- CEO들에게 주는 과한 보수
  http://www.berkshirehathaway.
  com/letters/letters.html

- CEO에 대한 성과급
  http://www.scribd.com/
  doc/50676366/Transcript-of-
  Warren-Buffett-Interview-With-
  FCIC

- CEO 교체
  http://www.berkshirehathaway.
  com/letters/letters.html

- CEO와 부정적 강화(negative reinforcement)
  http://www.cnbc.com/
  id/33901003

- CEO가 받는 특전
  - "그저 그런 실적에…"
  http://www.berkshirehathaway.
  com/letters/letters.html
  - "시시한 실적에…"
  http://www.berkshirehathaway.
  com/letters/letters.html

- 소유주처럼 사고하는 경영자들
  - "우리는 몇 안 되는 규칙을…"
  http://www.tilsonfunds.com/
  BuffettNotreDame.pdf

- 버크셔의 경영자들
  http://www.berkshirehathaway.
  com/letters/letters.html

- 승자들을 경영하기
  http://www.berkshirehathaway.
  com/letters/letters.html

- 재주 좋은 사람들을 쓰기
  http://Forbesindia.com/
  printcontent/24142?id=24142

- 원가 의식(cost-consciousness)
  http://www.berkshirehathaway.
  com/letters/letters.html

- 비용 절감
  http://money.cnn.com/
  magazines/Fortune/Fortune_
  archive/1988/04/11/70414/index.
  htm

- 경영자들이 경영하게 내버려 두기
  - "매우 존경하는 위대한 회사 경영자들이…"
    http://www.berkshirehathaway.
    com/letters/letters.html

- 경영자들의 평판
  http://video.cnbc.com/gallery/?video=1618466375&play=1

- 사업가 제이 지(Jay-Z)
  http://dealbook.nytimes.
  com/2011/10/18/buffett-returns-
  to-cartoonland-joined-by-jay-z/

- 고용
  - "우리는 세금우대 혜택을 받는다거나…"
    http://money.cnn.
    com/2010/10/18/pf/investing/
    buffett_ben_stein.Fortune/
    index.htm

5 미국의 정책 및 정치

- 미국을 믿기
  http://www.cnbc.com/
  id/42859828

- 경기 회복
  - "내 생각에 이렇게 지속적인 회복을…"
    http://www.cnbc.com/
    id/42859828
  - "가이코는 70년대 중반에…"
    http://www.charlierose.com/view/
    interview/11919

- 1930년 이후의 미국
  - "나는 1930년 8월에 태어났다…"
    http://www.cnbc.com/
    id/43671706
  - "나는 여든 살이다…"
    http://www.Haaretz.com/misc/
    article-print-page/warren-buffett-
    the-u-s-is-moving-toward-
    plutocracy-1.351236

- 미국은 문제를 해결한다.
  http://www.cnbc.com/
  id/33901003

- 경제 전망
- "경제전망에 대한 기사는 읽지 않는다…"
  http://www.BusinessWeek.
  com/1999/99_27/b3636001.htm
- "우리는 어떤 거시적인 예감 때문에…"
  http://video.google.com/videoplay?
  docid=-6231308980849895261

- 세계 무역
  http://Forbesindia.com/
  printcontent/24142?id=24142

- 일자리 창출
  http://www.cnbc.com/
  id/45346040

- 인플레이션
- "인플레이션은 누군가 오래 전에 말했듯이…"
  http://Forbesindia.com/
  printcontent/24142?id=24142
- "인플레이션에 대해 걱정이 될 때마다…"
  http://www.Haaretz.com/misc/
  article-print-page/warren-buffett-
  the-u-s-is-moving-toward-
  plutocracy-1.351236

- 2008년 금융 위기
- "사람들은 영화를 보고 있었고…"
  http://www.scribd.com/
  doc/50676366/Transcript-of-
  Warren-Buffett-Interview-With-
  FCIC
- "은행, 의회, 행정부…"
  http://www.Haaretz.com/misc/
  article-print-page/warren-buffett-
  the-u-s-is-moving-toward-
  plutocracy-1.351236
- "이게 우리가 한 번도 본 적이 없는…"
  http://www.scribd.com/
  doc/50676366/Transcript-of-
  Warren-Buffett-Interview-With-
  FCIC

- 금융 위기에 대한 정부 개입
- "어떤 부정적인 면이 있든 간에…"
  http://www.scribd.com/
  doc/50676366/Transcript-of-
  Warren-Buffett-Interview-With-
  FCIC
- "정부만이 모든 걸…"
  http://www.cnbc.com/
  id/33901003
- "버냉키와 폴슨…"
  http://www.cnbc.com/
  id/45346040

- 뱅크 오브 아메리카와 금융 위기
  http://www.scribd.com/
  doc/50676366/Transcript-of-
  Warren-Buffett-Interview-With-
  FCIC

- 금융 위기 때의 기회
  http://www.cnbc.com/
  id/33901003

- 신용의 중요성
  http://www.berkshirehathaway.
  com/letters/letters.html

- 금융 시스템에서의 사기 행위
  http://www.scribd.com/
  doc/50676366/Transcript-of-
  Warren-Buffett-Interview-With-
  FCIC

- 금융 위기 후에 대출해주는 것
  http://www.charlierose.com/view/
  interview/11919

- 미국의 재정 적자 및 무역 적자
  http://www.cnbc.com/
  id/45346040

- 심슨-보울스 안(The Simpson-
  Bowles Plan)
  http://www.cnbc.com/
  id/45346040

- 국가 부채
  http://www.tilsonfunds.com/
  BuffettNotreDame.pdf

- 부채 한도(debt ceiling)를 높이기
  http://www.cnbc.com/
  id/43671706

- 미국에서의 민주주의
  http://www.Haaretz.com/misc/
  article-print-page/warren-buffett-
  the-u-s-is-moving-toward-
  plutocracy-1.351236

- 오사마 빈 라덴의 죽음
  http://www.cnbc.com/
  id/42859828

- 2001년 9월 11일
  - "나는 우리가 다시…"
    http://www.cnbc.com/
    id/42859828
  - "왜 내가 9.11이 일어나기
    '전'에…"
    http://www.berkshirehathaway.
    com/letters/letters.html

- 중국
  http://www.cnbc.com/
  id/45346040

- 유로 위기
  http://www.charlierose.com/view/
  interview/11919

본문 웹사이트 출처

- 버락 오바마
  http://www.charlierose.com/view/interview/11919

6 부와 세금

- 재산
  http://www.cbsnews.com/video/watch/?id=7398062n

- 돈이 가진 확대 능력
  http://www.nxtbook.com/nxtbooks/gatech/alumni-winter03/index.php?startid=17

- 부와 만족감
  http://www.cnbc.com/id/45346040

- 경제 파이를 나누기
  http://www.Haaretz.com/misc/article-print-page/warren-buffett-the-u-s-is-moving-toward-plutocracy-1.351236

- 밀물처럼 밀려드는 부
  http://www.cbsnews.com/video/watch/?id=7398062n

- 버핏의 부는 어디에서 왔는가
- "내가 부자가 될 수 있었던 이유는…"
  http://givingpledge.org/#warren_buffett

- "1952년에 결혼할 때…"
  http://money.cnn.com/2006/06/25/magazines/Fortune/charity2.Fortune/

- 유산
- "아주 부자라면…"
  http://money.cnn.com/2006/06/25/magazines/Fortune/charity2.Fortune/
- "수지도 나도 아주 큰돈을…"
  http://money.cnn.com/2006/06/25/magazines/Fortune/charity2.Fortune/

- 버핏의 행운
- "우리 모두가 어딘가 무인도에…"
  http://video.google.com/videoplay?docid=-6231308980849895261
- "나는 자본을 배분하는 능력이…"
  http://www.BusinessWeek.com/1999/99_27/b3636001.htm
- "이곳에 태어나다니 운이 좋았다…"
  http://video.google.com/videoplay?docid=-6231308980849895261

- 부자들의 세율
- "포브스가 선정한 400대 부자에 들어간…"
  http://www.cnbc.com/id/21553857

- "미국에서는 세입의
  40퍼센트가…"
  http://www.cnbc.com/
  id/43671706

• 헤지펀드 운용자가 내는 세금
  http://www.cnbc.com/
  id/21553857

• 고통 분담
  http://www.nytimes.
  com/2011/08/15/opinion/stop-
  coddling-the-super-rich.html

• 버크셔가 내는 세금
  http://www.berkshirehathaway.
  com/letters/letters.html

• 세수중립적 세제 개혁
  http://www.cnbc.com/
  id/45346040

• 로비와 세법
- "세법에 나오는 모든 조항은…"
  http://www.Haaretz.com/misc/
  article-print-page/warren-buffett-
  the-u-s-is-moving-toward-
  plutocracy-1.351236
- "세법은 논리가 아니라…"
  http://www.cnbc.com/
  id/43671706

• 소득 불평등
- "평균 가구당 4천만 달러에서…"
  http://www.charlierose.com/view/
  interview/11919
- "알다시피 계급전쟁이라는 게
  있다면…"
  http://www.cnbc.com/
  id/45346040

• 버핏세
- "지난 25년 간 포브스가
  선정한…"
  http://www.cnbc.com/
  id/45346040
- "그건 사람들에게 그들이
  맞닥뜨리게 될…"
  http://www.charlierose.com/view/
  interview/11919
- "양키즈 홈구장에서 치는
  홈런에…"
  http://www.cnbc.com/
  id/45346040

---

7 인생 수업

• 무조건적인 사랑
  http://www.huffingtonpost.
  com/2010/07/08/warren-buffett-
  interview_n_639536.html

- 버핏의 아버지
- "아버지께서 평생 신문 1면에 나서…"
  http://www.cbsnews.com/video/watch/?id=7398062n

- 윤리 교육
  http://www.cnbc.com/id/33901003

- 누구와 결혼해야 하는가
  http://www.cnbc.com/id/33901003

- 제이 지 놀리기
  http://www.cbsnews.com/video/watch/?id=7398062n

- 인내
  http://www.huffingtonpost.com/2010/07/08/warren-buffett-interview_n_639536.html

- 버핏이 귀를 기울이는 사람
  http://www.cnbc.com/id/33901003

- 최고의 투자
  http://www.nxtbook.com/nxtbooks/gatech/alumni-winter03/index.php?startid=17

- 불쾌한 일
  http://www.nxtbook.com/nxtbooks/gatech/alumni-winter03/index.php?startid=17

- 자기 일을 사랑하기
- "자기가 사랑하는 일을 해야 한다…"
  http://www.nxtbook.com/nxtbooks/gatech/alumni-winter03/index.php?startid=17
- "여러분이 내 자리, 즉 자신에게…"
  http://www.cnbc.com/id/33901003

- 진실성
  http://video.google.com/videoplay?docid=-6231308980849895261

- 성공하기 위한 자질
  http://video.google.com/videoplay?docid=-6231308980849895261

- 기질
  http://www.tilsonfunds.com/BuffettNotreDame.pdf

- 노년
  http://www.cbsnews.com/video/watch/?id=7398062n

- 성공의 척도
  http://www.nxtbook.com/
  nxtbooks/gatech/alumni-winter03/
  index.php?startid=17

- 포브스 리스트
  http://www.cnbc.com/
  id/42859828

- 은퇴
  http://www.cnbc.com/
  id/45346040

- 사후(死後) 관리
  http://www.berkshirehathaway.
  com/letters/letters.html

- 자선 사업의 난제들
  http://www.Haaretz.com/misc/
  article-print-page/warren-buffett-
  the-u-s-is-moving-toward-
  plutocracy-1.351236

- 사회 환원
  http://money.cnn.
  com/2006/06/25/magazines/
  Fortune/charity2.*Fortune*/

- 게이츠 재단에 기부하기
  - "나는 이미 상당한 규모에
    이른…"
    http://money.cnn.
    com/2006/06/25/magazines/
    Fortune/charity2.*Fortune*/
  - "그는 전 세계 모든 사람의
    목숨은…"
    http://www.cnbc.com/
    id/33901003
  - "나는 뭔가에 엄청난 성공을
    거둔…"
    http://money.cnn.
    com/2006/06/25/magazines/
    Fortune/charity2.*Fortune*/

- 공정 사회
  http://video.google.com/videoplay?
  docid=-6231308980849895261

본문 웹사이트 출처　　　　　　　　　　　175